西方心理学大师经典译丛
主编　郭本禹

挫折与攻击

Frustration and Aggression

[美] 约翰·多拉德　伦纳德·W.杜布　尼尔·E.米勒
奥瓦尔·莫瑞尔　罗伯特·R.西尔斯　著
邢雷雷　译
高申春　审校

John Dollard

Leonard W. Doob

Neal E. Miller

O. H. Mowrer

Robert R. Sears

中国人民大学出版社
·北京·

总译序

感悟大师无穷魅力　品味经典隽永意蕴

美国心理学家查普林与克拉威克在其名著《心理学的体系和理论》中开宗明义地写道："科学的历史是男女科学家及其思想、贡献的故事和留给后世的记录。"这句话明确地指出了推动科学发展的两大动力源头：大师与经典。

一

何谓"大师"？大师乃是"有巨大成就而为人所宗仰的学者"①。大师能够担当大师范、大导师的角色，大师总是导时代之潮流、开风气之先河、奠学科之始基、创一派之学说，大师必须具有伟大的创造、伟大的主张、伟大的思想乃至伟大的情怀。同时，作为卓越的大家，他们的成就和命运通常都与其时代相互激荡。

作为心理学大师还须具备两个特质。首先，心理学大师是"心理世界"的立法者。心理学大师之所以成为大师，在于他们对心理现象背后规律的系统思考与科学论证。诚然，人类是理性的存在，是具有思维能力的高等动物，千百年来无论是习以为常的简单生理心理现象，还是诡谲多变的复杂社会心理现象，都会引发一般大众的思考。但心理学大师与一般人不同，他们的思考关涉到心理现象

---

① 辞海．缩印本．上海：上海辞书出版社，2002：275.

背后深层次的、普遍性的与高度抽象的规律。这些思考成果或试图揭示出寓于自然与社会情境中的心理现象的本质内涵与发生方式；或企图诠释某一心理现象对人类自身发展与未来命运的意义和影响；抑或旨在剥离出心理现象背后的特殊运作机制，并将其有意识地推广应用到日常生活的方方面面。他们把普通人对心理现象的认识与反思进行提炼和升华，形成高度凝练且具有内在逻辑联系的思想体系。因此，他们的真知灼见和理论观点，不仅深深地影响了心理科学发展的命运，而且更是影响到人类对自身的认识。当然，心理学大师的思考又是具有独特性与创造性的。大师在面对各种复杂心理现象时，他们的脑海里肯定存在“某种东西”。他们显然不能在心智“白板”状态下去观察或发现心理现象背后蕴藏的规律。我们不得不承认，所谓的心理学规律其实就是心理学大师作为观察主体而“建构”的结果。比如，对于同一种心理现象，心理学大师们往往会做出不同的甚至截然相反的解释与论证。这绝不是纯粹认识论与方法论的分歧，而是对心灵本体论的承诺与信仰的不同，是他们所理解的心理世界本质的不同。我们在此借用康德的名言“人的理性为自然立法”，同样，心理学大师是用理性为心理世界立法。

其次，心理学大师是“在世之在”的思想家。在许多人看来，心理学大师可能是冷傲、孤僻、神秘、不合流俗、远离尘世的代名词，他们仿佛背负着真理的十字架，与现实格格不入，不食人间烟火。的确，大师们志趣不俗，能够在一定程度上超脱日常柴米油盐的束缚，远离俗世功名利禄的诱惑，在以宏伟博大的人文情怀与永不枯竭的精神力量投身于实现古希腊德尔菲神庙上“认识你自己”之伟大箴言的同时，也凸显出其不拘一格的真性情、真风骨与真人格。大凡心理学大师，其身心往往有过独特的经历和感受，使之处于一种特别的精神状态之中，由此而产生的灵感和顿悟，往往成为其心理学理论与实践的源头活水。然而，心理学大师毕竟不是超人，也不是神人。他们无不成长于特定历史的社会与文化背景之下，生活在人群之中，并感受着平常人的喜怒哀乐，体验着人间的世态炎凉。他们中的大多数人或许就像牛顿描绘的那般："我不知道世上的人对我怎样评价。我却这样认为：我好像是在海上玩耍，时而发现了一个光滑的石子儿，时而发现一个美丽的贝壳而为之高兴的孩子。尽管如此，那真理的海洋还神秘地展现在我们面前。"因此，心理学大师虽然是一群在日常生活中特立独行的思想家，但套用哲学家海德格尔的话，他们依旧都是"活生生"的"在世之在"。

二

那么，又何谓"经典"呢？经典乃指古今中外各个知识领域中"最重要的、有指导作用的权威著作"①。经典是具有原创性和典范性的经久不衰的传世之作，是经过历史筛选出来的最有价值性、最具代表性和最富完美性的作品。经典通常经历了时间的考验，超越了时代的界限，具有永恒的魅力，其价值历久而弥新。对经典的传承，是一个民族、一种文化、一门学科长盛不衰、继往开来之根本，是其推陈出新、开拓创新之源头。只有在经典的引领下，一个民族、一种文化、一门学科才能焕发出无限活力，不断发展壮大。

心理学经典在学术性与思想性上还应具有如下三个特征。首先，从本体特征上看，心理学经典是原创性文本与独特性阐释的结合。经典通过个人独特的世界观和不可重复的创造，凸显出深厚的

---

① 辞海．缩印本．上海：上海辞书出版社，2002：852.

文化积淀和理论内涵，提出一些心理与行为的根本性问题。它们与特定历史时期鲜活的时代感以及当下意识交融在一起，富有原创性和持久的震撼力，从而形成重要的思想文化传统。同时，心理学经典是心理学大师与他们所阐释的文本之间互动的产物。其次，从存在形态上看，心理学经典具有开放性、超越性和多元性的特征。经典作为心理学大师的精神个体和学术原创世界的结晶，诉诸心理学大师主体性的发挥，是公众话语与个人言说、理性与感性、意识与无意识相结合的产物。最后，从价值定位上看，心理学经典一定是某个心理学流派、分支学科或研究取向的象征符号。诸如冯特之于实验心理学，布伦塔诺之于意动心理学，弗洛伊德之于精神分析，杜威之于机能主义，华生之于行为主义，苛勒之于格式塔心理学，马斯洛之于人本主义，桑代克之于教育心理学，乔姆斯基之于语言心理学，奥尔波特之于人格心理学，吉布森之于生态心理学，等等，他们的经典作品都远远超越了其个人意义，上升成为一个学派、分支或取向，甚至是整个心理科学的共同经典。

三

这套“西方心理学大师经典译丛”遵循如下选书原则：第一，选择每位心理学大师的原创之作；第二，选择每位心理学大师的奠基、成熟或最具代表性之作；第三，选择在心理学史上产生过重要影响的一派、一说、一家之作；第四，兼顾选择心理学大师的理论研究和应用研究之作。我们策划这套“西方心理学大师经典译丛”，旨在推动学科自身发展和促进个人成长。

1879 年，冯特在德国莱比锡大学创立了世界上第一个心理学实验室，标志着心理学成为一门独立的学科。在此后的 130 多年中，心理学得到迅速发展和广泛传播。我国心理学从西方移植而来，这种移植过程延续已达百年之久[①]，至今仍未结束。尽管我国心理学近年取得了长足发展，但一个不争的事实是，我国心理学在总体上还是西方取向的，尚未取得突破性的创新成果，还不能解决社会发展中遇到的重大问题，还未形成系统化的中国本土心理学体系。我国心理学在这个方面远没有赶上苏联心理学，苏联心理学家曾创建了不同于西方国家的心理学体系，至今仍有一定的影响。我国心理学的发展究竟何去何从？如何结合中国文化推进心理学本土化的进程？又该如何进行具体研究？当然，这些问题的解决绝非一朝一夕能够做到。但我们可以重读西方心理学大师们的经典作品，以强化我国心理学研究的理论自觉。“他山之石，可以攻玉。”大师们的经典作品都是对一个时代学科成果的系统总结，是创立思想学派或提出理论学说的扛鼎之作，我们可以从中汲取大师们的学术智慧和创新精神，做到冯友兰先生所说的，在“照着讲”的基础上“接着讲”。

心理学是研究人自身的科学，可以提供帮助人们合理调节身心的科学知识。在日常生活中，即使最坚强的人也会遇到难以解决的心理问题。用存在主义的话来说，我们每个人都存在本体论焦虑。“我是谁，我从哪里来，我将向何处去？”这一哈姆雷特式的命题无时无刻不在困扰着人们。特别是在社会飞速发展的今天，生活节奏日益加快，新的人生观与价值观不断涌现，各种压力和冲突持续而严重地撞击着人们脆弱的心灵，人们比以往任何时候都更迫切地需要心理学知识。可幸的是，心理学大师们在其经典著作中直接或间接地给出了对这些生存困境的回答。古人云：“读万卷书，行万里

① 在20世纪五六十年代，我国心理学曾一度移植苏联心理学。

路。”通过对话大师与解读经典，我们可以参悟大师们的人生智慧，激扬自己的思绪，逐步找寻到自我的人生价值。这套“西方心理学大师经典译丛”可以让我们获得两方面的心理成长：一是调适性成长，即学会如何正确看待周围世界，悦纳自己，化解情绪冲突，减轻沉重的心理负荷，实现内心世界的和谐；二是发展性成长，即能够客观认识自己的能力和特长，确立明确的生活目标，发挥主动性和创造性，快乐而有效地学习、工作和生活。

我们相信，通过阅读大师经典，广大读者能够与心理学大师进行亲密接触和直接对话，体验大师的心路历程，领会大师的创新精神，与大师的成长并肩同行！

郭本禹

2013 年 7 月 30 日

于南京师范大学

前　言

本书详细阐述了人类关系研究所两个方面的研究。

第一个方面是对合作的研究。所谓合作，不仅是指几位作者一起做出了自己的贡献，更重要的是，他们一起分享了各自的观点和素材。并且，为了形成一个统一的作品，他们阅读、批判和讨论了大量的同行成果，这一点在解析和阐述挫折-攻击假说的前三章中体现得淋漓尽致。在剩余章节中，在对人类关系问题假说从应用到得出结论的过程里，这种合作的亲密度也只是稍许降低。

然而，任由“合作只是出于彼此的关爱”这种印象自由发展，只会造成误导。这项事业的难度以及由此带来的特定教训，是值得大书特书的。例如，我们可以关注一下，一项关于智力性质的多方合作研究揭示出，表面上的合作本身就让人很有挫败感。如果这个群体的每个成员能记录下自己情感的变化，以及他如何控制了自己的攻击倾向，我们就会得到关于本书主题的一些重要数据。对“合作”的研究在我们的科学文化中无疑是小众的。只有那些研究者提前付出必要的代价，这种研究才会有效地进行。由于有各种各样需要努力合作才能解决的问题，所以任何帮助——只要有助于解决合作过程中遇到的困难——都是受欢迎的。

第二个方面是在社会科学中很有名但却很少用到的研究流程。它是从一个（或一组）在日常生活中真实存在的问题开始的。作为解决问题的第一步，我们尝试更精确地对这些问题进行定义，探索它们的范围，确定它们的实际情况，建立一个关于这些情况的概念系统——一句话，以可利用的数据为基础，建立一种尝试性的理论或假说。这种假说用来指导一种更精确和更具体的深入研究，而这种研究将会得到更系统和更相关的数据。这些数据将会依次被用来对这个假说进行更深入的修订和提炼。如此往复，当这个归纳演绎的流程进行得足够深入时，尤其在物理科学中，这个假说或理论就可以使用数学的术语来表述。到了这一步，就可以借助于数学方法的精确和强大了，这一理论也会取得自身最大的预测价值。

所有渴望变成真正科学的社会研究，最终都要走同一条道路，而对攻击行为的研究沿着这条道路更进了一步。这一步一部分是由弗洛伊德和其他人已经发表的关于挫折-攻击假说更系统的规划和更深入的阐述构成的，还有一部分则是把更多相关说明材料组织起来。这使对攻击行为的研究在本质上朝着科学理论又近了一步。以当前的形式出版，是希望促进更深入的研究——在研究所里，也在其他地方。

马克·A. 梅（Mark A. May）

人类关系研究所主任

1939 年 1 月 2 日

致　谢

在众多挫折与攻击问题的研究者中，特别需要感谢西格蒙德·弗洛伊德，他对我们基本假说构想的影响，超过了所有其他学者。我们还要感谢人类关系研究所的同僚们，他们对本书提炼出的诸多想法做出了贡献，尤其是克拉克·L. 赫尔教授，我们采用的调查方法就是他的著作中所发表的，这一方法在行为的系统研究中非常有效。

以下出版机构授权我们引用已出版的许多作者的作品：美国教育委员会、D. 阿普尔顿-世纪公司、克拉伦登出版社、克拉克大学出版社、哈考特 & 布雷斯公司、亨利·霍尔特公司、霍顿·米夫林公司、H. M. 文书局、国际出版商公司、查尔斯·H. 科尔公司、J. B. 利平科特公司、利特尔 & 布朗公司、朗文 & 格林公司、芝加哥大学出版社、北卡罗来纳大学出版社、宾夕法尼亚大学历史系、华盛顿州人口统计局商务处、查尔斯·斯克里布纳之子出版公司，以及耶鲁大学出版社。

目　录

第一章 定义

攻击的问题有很多方面。一个很难控制自己的脾气的人，也会经常看到其他人和自身的敌意进行不自觉的斗争。他害怕正当的反击，害怕被打得满地找牙，害怕受到不可预见的嘲弄。孩子们在用狡猾的恶作剧或突然大发雷霆来惹怒他们的长辈方面常常是专家。无助的少数派受到迫害。动用私刑的暴徒们有一种冷酷和残忍，这在温和善良的人身上是看不到的。原始部落的人互相杀害，即使是在文明社会，人们也会对新的和不断增长的毁灭性的战争前景恐惧不已。本书试图在这些明显的混乱中发现一些系统化的秩序。

基本假设

这项研究是从一个假设开始的：*挫折导致攻击*。再明确点说，这个命题就是“攻击行为的出现总是说明有挫折存在，同时，挫折的存在也总会导致某种形式的攻击”。从日常观察得出的结论看，这种说法应该是合理的：可辨认的各种攻击行为一般都可追溯到某种形式的挫折，或者说是由挫折导致的。但是，绝不可以如此简单地认为无论挫折何时发生，某种类型或某种程度的攻击都一定会发生。在很多成年人甚至儿童中，一般紧随挫折而来的是显而易见的

2 接受现实和重新调整，而且，想要寻找通常所认为的表征攻击行为的相对粗略的标准，看起来都是徒劳的。然而我们必须记住，人类从社会生活中最早学到的一课，就是压抑和控制他们公开的攻击行为。但是，这并不意味着这种反应的倾向就此消失了；应该说，人们已经发现，尽管这些行为可以暂时被压抑、延迟、掩盖、转移，或者从人们此时此刻的目标偏离，但是它们并没有被摧毁。按照挫折必定导致攻击的假设，我们可以在以下各种类型的事实中——比如迄今依然或多或少被认为是孤立的现象，以及把很多一般被认为并在某种程度上被误认为只是简单的不理性、性格乖张或者变态的人类行为看作是合理的——引入一种新的统一的判定标准。

当然，这种系统工作的合理性只是说明，它在很大程度上依赖于对挫折、攻击和相关的确定概念的正式定义，这在以下章节会有深入展开。我们会尽可能地尝试给这些术语以高度的精确性和可操作的专一性。然而，由于这个领域的正式术语是如此新颖和不固定，以至于有必要至少在一个补充的途径上依靠外延例子的使用，以便在很多事例中传达想要的含义。因此，在本章和接下来的章节中，我们经常求助于说明性的材料，决不试图用单一的步骤证明被阐述的主题。更引人注目的特性的证据不会完全缺乏，而是会被不时呈现；但即使是较新的材料也只能被看作证据，而不是证明。事
3 实上，这本书全部的想法和目的，是探索一个特殊假说在逻辑经验的意义上的含义和应用，不管这个假说看来多么合理和多么有用，它仍旧只能被看作假说。

基础概念

在一个炎热的午后，钟表的指针指向15：30，一个冰激凌小贩

的铃声从街上传来。四岁的詹姆斯跑向他妈妈说："妈妈，卖冰激凌的！我想要一个冰激凌甜筒！"然后他十分渴望地抬着头，噘着嘴唇，抓着妈妈的衬衫，开始把她拉向前门。

与此同时，一位对这个家庭的行为进行研究的观察者可能会做出一个预测。他会说："现在詹姆斯打算把他的妈妈带到外面的手推车旁。他可能会尝试让她沿着人行道的左边或右边行走。不论哪种情况我们都可以说，除非被什么事阻止，否则在三分钟内他就会手拿着冰激凌甜筒然后在十分钟内吃完。吃到冰激凌将会终结我预测的一系列行为。"

然而，这个观察者还有可能会发现，对于他的目的来说，从理论上论述这个情形的一些重要方面比处理实际发生的事情本身要更方便一些。考虑到詹姆斯一系列行为的起因，按照本书使用的术语，他可以说，詹姆斯受到了刺激，让他妈妈到外边给他买一个冰激凌甜筒。**刺激因素**就是一些会形成预期反应的前提条件。刺激因素有可能被直接观察到，比如在小贩响铃的例子中；刺激因素也可能是一个只能通过推断得出的内部条件，比如詹姆斯说他想要一个冰激凌时。这个宣称本身当然不是一个刺激因素，但是它可以表明这一个刺激因素的存在，因为在之前的情况下，这个陈述已经被观 *4* 察到是与预期反应有关联的。由于这个预先观察到的关联，铃声和小贩同样被解释为刺激因素。刺激因素的概念要比刺激的概念广泛得多。后者指的只是物理定义上施加于感觉器官的能量；而前者指的是任何前提条件，它要么是观察到的，要么是推断出来的，据此可以预测出反应，不管这个条件是一个刺激物，一个口头描述的图像、想法，还是动机或一个匮乏的状态。

对詹姆斯的行为来说，直接可观察到的刺激因素就是铃声和冰淇淋小贩。但是内部刺激因素是无法直接观察到的，不过可以通过詹姆斯所说的和所做的推断出来。当前，我们可以从他渴望的表情、噘着的嘴唇、拉扯母亲衬衫的动作，以及“我想要一个冰激凌甜筒”的宣称中做出具体预测，他会努力去得到冰激凌。我们有理由推断这些刺激因素是存在的。为了推断刺激因素的存在，必须有一种机制，这种机制能揭示一些可测量的（或者至少是可以被注意到的）行为，这些行为已经预先显示出与预测反应的出现是相关的。任何能够使一个人更精确预测反应的观测技术或理论分析方法的改进，都会使关于刺激因素存在的推断更准确。

对一个特定反应来说，几个刺激因素有可能同时起作用，它们共同产生的效果等于刺激因素的总和。① 因此，刺激是一个定量的概念，我们必须考虑刺激强度的问题。这种强度可以通过激起的反
5 应和同时发生的、与之矛盾的激起的反应竞争的胜算程度来测量，或者用不同的技术术语来说，取决于哪个激起的反应占上风。

詹姆斯可能注意到草坪上的喷灌器正在喷水，这会挡住他奔向冰激凌小贩的道路。他可能会说他不想弄湿自己或者表现出其他行为，我们可以以此推断存在躲开喷灌器的刺激因素。由于有喷灌器的存在，这个刺激因素与得到一个冰激凌的刺激因素是冲突的。某种情况下，詹姆斯可能会走有喷灌器的那条路，而另一种情况下则不会。在第一种情况下，得到一个冰激凌的刺激因素战胜了同时产生的会引起矛盾结果的刺激因素，在第二种情况下则没有。因此，我们可以认为：当詹姆斯冒着被淋湿的后果跑过去时，得到一个冰激凌的刺激因素要强于他没跑过去。任何能推断詹姆斯会冒着或多或少的喷水跑到冰激凌小贩那里的条件，都可以用来推断这个刺激

① 实际上，有时候一些前提条件在任何刺激发生前必须全部体现出来。

因素是强还是弱。

在许多日常行为的事例里，想要通过一种阻断技术直接判定同时激起的相互矛盾的反应在何种程度上可以被克服，是不现实的。在这些事例中，人们总想用某些辅助测量手段来推断预期反应的刺激因素的强度。速度、耐力、力量，以及一个给定反应发生的可能性都有可能具有衡量某种反应和同时引发的矛盾反应哪个占上风的功能。在恰当的恒定条件下，这些指标可以代替更确切的测量。如果詹姆斯立即快速地跑向了冰激凌小贩，那么认为这个反应的刺激因素非常强便是合理的。如果相反，他慢腾腾的，那么推断得到冰激凌的刺激因素相对较弱就是比较合理的。

在上述例子中，有人说吃冰激凌的动作为预测的行为序列画上 6
了句号。这意味着，通过观察之前的冰激凌插曲，我们知道，在詹姆斯已经得到一个冰激凌之后，他再次以我们预期的行为序列对冰激凌车的铃声做出反应的可能性要远低于他得到冰激凌之前。一个终结预期的行为序列的行动被称为*目标反应*。目标反应可以被定义为将刺激因素的强度降低到某个程度的反应，至此这个刺激因素不再有产生预期行为序列的倾向。饥饿的老鼠吃了食物就不再去觅食，因为行为序列已经终止了，进食就被认为是目标反应。买票的人到了售票处，买完他的票就不再排队等候，买到票这个结果因此就被看作目标反应。

然而，过了一会儿，詹姆斯有可能再次做出同样渴望的表情，并再次拉着母亲的衬衫，说他还想要一个冰激凌。这时如果想再推测刺激因素，就需要他有进一步的行为作为证据。行为序列的终结经常是暂时的。如果有一个原因让我们相信，刺激因素再次出现，我们会认为詹姆斯将再次进行之前的一系列活动。实际上，人们会认为他将更倾向于做出之前使他成功得到冰激凌的行为，因为目标反应对他再次做出之前学习过的行为有强化效果。

到目前为止，我们一直假设一切情况都在正常范围，没有阻碍詹姆斯的意外发生。然而，他的母亲有可能坚持他必须到晚饭时间才能吃冰激凌。他的父亲也可能随后出现，责备他的母亲过于放纵孩子，并威胁詹姆斯如果他去冰激凌小贩那里，就会打他屁股。或者冰激凌小贩可能没有更多的冰激凌了。处于任何上述情况之中，
7 预期的行为序列都会被打断，詹姆斯就会得不到冰激凌。类似这种在行为序列进行的同时，对其指向的目标反应的干预，被称为挫折。

在正常情况下，一系列的行为会顺利展开而不会中断，但是干预有可能会这样体现出来：在目标寻求的活动中遇到惩罚性事件或者无法接近目标本身。这种干预有可能很轻微，比如一个专心思考的人周围有一只蚊子在嗡嗡纠缠；也有可能很严重，比如某个人罹患肾病。不管怎样，同样形式的干预都会导致挫折。类似“让某人失望”“让某人沮丧”“让某人疼痛”以及“阻止某人执行行动”等表达，都表明一个人给另一个人带来挫折。

这些被中断的行为序列的性质和起源都不是我们需要考虑的。只有它在发生的过程中被确认、其干预的模式被指定，才是必不可少的。目标反应可以涉及整体明显的行动，例如对一个物理客体的操作；或者只涉及一点明显的行动，例如在很好地完成工作之后受到祝贺等。至于一个十八个月的婴儿是否产生一个非习得性反应（如吮拇指），或者对婴儿来说必要的生理整合是否已经在其他刺激环境中习得，都与目标反应无关。然而，客体操作、接受祝贺或者吮拇指等，这些活动被打断都会导致一个挫折。刺激还存在，而相

应的目标反应被阻止了。那么，为了说明一个挫折是存在的，必须先确定两件事：(1) 有机体本来被预期会执行某些行为；(2) 这些行为还未发生就被阻止了。

这里需要注意，吃冰激凌的目标反应和一定程度上的干预都可能终止詹姆斯的行动；很难说清行为序列的终止到底是由于第一种 8
还是第二种情况。尤其在干预因素是有机体自身的情感冲突时更是如此。然而，从操作的角度看，一个绝对可靠的标准是存在的。一个目标反应强化了导致它的行为序列，而干预则相反。如果不是从之前的经验得知，吃冰激凌就是詹姆斯行为序列的目标反应，我们可能很难判断，如果进行了干预，在行为序列被终止之前的最后一个行为（比如做出一副渴望的表情）是否就是目标反应。但是通过判定这个行为是否使詹姆斯有更强烈的倾向去再次完成之前的行为序列，我们可以得出一个结论。

我们还可以从这个被过度解读的例子中获得另一个概念。在此之前，詹姆斯可能一直喜欢吃香草味的冰激凌。对这个反应的干预——小贩没有香草冰激凌的事实——会成为一个挫折。然而，一个巧克力冰激凌可能或多或少被接受来代替香草味的。一个替代目标反应的反应——它也会终止和强化前述的同样的行为——被称为替代反应。

一个替代反应可以是任何在某种程度上降低一个刺激强度的行为，它使该刺激对应的目标反应被阻止发生。因此，它具有目标反应本身的一个性质：也可以抑制刺激的强度。这种抑制可以体现为目标反应数量上的减少，比如当一个孩子获得机会可以通过翻一个筋斗而得到少许称赞，而不是通过一个前手翻得到很多称赞。抑制刺激还可能通过对完整刺激的一些或多或少的离散元素发生目标反 9

应来体现，比如当一个人在等候推迟的午宴的时候，点起一根烟或者喝一杯水。

可以想象，替代反应在面对各种挫折时会经常发生。没有肉馅时吃大饼，没有爱情时阅读爱情小说，职业生涯受阻时改行去制作业余戏剧，这都是典型的替代。一些这类的反应是如此明显，就如同夸张的漫画，我们文化中的所有成年人都能辨认出来——没有孩子的妇女溺爱她的哈巴狗，被前任女友抛弃的人与前任的妹妹结婚，宣布戒烟的人大嚼口香糖。这些例子可以为替代反应这一概念提供外延定义。①

此外，替代反应在终止和加强目标反应方面，其效果比原始的反应更好或更差都是有可能的。只要它们的效果同等或更好，它们就能结束之前的挫折，并结束这些挫折带来的攻击性。

有时候，詹姆斯也会踢打或喊叫，或者声称他恨妈妈。所有这类行为序列的目标反应，都是对它所指向的人的伤害，这被称为攻击。根据这一假说，这是对挫折的最初的和特征性的反应，当詹姆斯努力要得到冰激凌的时候，如果发生了某些干预事件，这种反应就会出现。

10 很多常见的攻击形式，西方社会的观察者一眼就能看出来。物理攻击的行为可能是最明显的。“报复”怨恨的上级或对手的幻想，对让自己不爽的人进行设计好的突然袭击（不管武器是什么：商业交易、枪、恶意的谣言或者轻飘飘的责骂），诸如私刑、殴打和某些革命战役带来的毁灭性或反抗性的爆发也是明显的攻击形式。大

① 攻击行为在操作上可以同替代反应区别开来。由于一个替代反应可以减弱原始的（受挫的）目标反应，所以消除引起这个挫折的干预就会引起一个减弱的目标反应。与此同时，攻击行为只会减弱次要的、由挫折引起的对攻击的刺激，对原始刺激的强度没有影响。因此，即使消除一个攻击行为伴随的干预，原始（受挫的）目标反应仍然会以正常强度和频率出现。

量复杂的习得的技能——例如回旋镖和机枪的使用——可能会在这些攻击性的行为序列中出现，对此应该不需要特殊强调。

攻击并不总是通过公开的行为表现出来，它也可能存在于幻想或者是梦中，甚至是一个精心设计的复仇计划中。它可能指向被意识到是导致挫折的目标，或者被移置到一些完全无辜的根源上，甚至被引向自身，比如受虐、殉道或者自杀。攻击的目标一般是了无生气或是充满生气的，提供了那些被认为会制造伤害的行为的，就是充满生气的目标。实际上，当一个行为被引向一个人并会引起痛苦的时候，攻击可以无方向地指向任何目标——比如一个男人在用锤子砸到自己的拇指后大声咒骂。这类名词如愤怒、怨恨、憎恨、敌意、仇恨、恼怒、激怒、烦恼都承载了这个概念的一些同等含义。一些动词如摧毁、损害、折磨、报复、伤害、爆发、受辱、侮辱、威胁和恐吓，指的是一种具有攻击本性的行为。[①]

尽管挫折-攻击假说假定挫折与攻击之间有普遍适用的相关关系，但是我们还要注意到，这两个概念既是独立定义的，也是从属 11
定义的。攻击的从属定义是：伴随挫折的反应，只降低次要的、由挫折引起的刺激，对初始刺激的强度没有影响。挫折的独立定义是：当一个目标反应受到干预时存在的条件。攻击的独立定义是：一个目标反应会对有机体（或者有机体的替代者）造成伤害的行为。[②]

① 攻击性的行为，像所有其他形式的行为一样，经常被限制在文化许可的形式内。有些是被禁止的，有些是被允许的，还有些是实际上由于社会允许而受到鼓励。关于这些形式，第四章和第八章会进行更详细的讨论。

② 一个人伤害他人时有可能是完全无意的。这种行为不是攻击，因为它们不是目标反应。在统计调查中，意外可以忽略不计，因为它们纯粹是偶然或者减弱因素。只有在个别事例中它是必要的，目的是确定一个给定行为的攻击性质，来表示它是对伤害刺激的目标反应。

挫折-攻击序列的例子

我们没有必要为了这个讨论的目的而采取挫折最初（在遗传的意义上）产生攻击行为的观点。不管是否学习过，只要反应序列在儿童身上一起作用，挫折就可能出现。因此，似乎可以相信，挫折可能在出生阶段和随后的任何时间自动产生。然而，如这里定义的攻击反应一样，这不一定是事实。对挫折的第一个反应可能实际具有一个随机的特征，可能缺乏设想中的攻击带来的毁灭性。人们对某些特定挫折的随机反应学会采取釜底抽薪的办法，这种办法可以有效地降低挫折导致的刺激强度（尽管不是原始刺激的强度），这些刺激表现得像是攻击一样。不管这种关系是后天学会的还是天生的，我们这里审视的理论场景的大幕一经拉开，挫折与攻击作为反应序列就已经联系在一起了。

12 由于挫折与攻击对西方社会的大多数人来说，是直接体验中比较熟悉的成分，解释这些术语所代表的现象就会相对容易一些。接下来提供一些挫折-攻击序列的例子，目的是给前面出现的定义提供更完整的含义。

1. 一名大学生开车前往遥远的城市去参加一场橄榄球赛。这场比赛是本赛季的重头戏，在赛季的嘉年华中是很重要的。一个女孩陪着他，他很想获得女孩的好感，并希望她赞同自己附加的关于周末舞会和娱乐的计划。在驾驶过程中，两人非常开心并且喜不自禁，他已经开始暗自提前庆祝自己成功的约会。突然，警笛在车后响起，当他停车后，交通警察以一种非常具侮辱性的方式严厉责备了他，说他“开车像个高中生”。警笛声和警察的到来立刻摧毁了他和女孩的互动以及他曾有的美好期许。一等到继续前行的许可，他就开始痛骂警察的行为方式，并告诉这个女孩，在那个州，警察欺压百姓的行为是如何臭名昭著。在随后的行驶中，他的行程似乎遇到了麻烦。在换挡时不断摩擦齿轮，拒绝让其他车辆超车，对所有视线内的警察大放厥词（当然，当警察出现时他还是会减速）。在这里，他的行为改变并不让人困惑。这名学生由于在女孩面前被羞辱而感到受挫。他对她给予美妙回应的期许落空了。他的行为变得富有攻击性，因为他在被拦住之后，对警察的敌意不断加强，却 13
有口难言。

2. 尽管挫折本身只能发生在一个单独的个体身上，但是任何给定的挫折条件却可以同时发生在几个个体身上。在这种情况下，一个“群体”会进行分配式的观察而不是作为一个整体来行动。如果群体中的全部或者大部分人感到饿了，按照这种分配的模式，“群体”就会被认为是饿了。例如，一群工人在傍晚18：00聚集到一个公寓的桌子旁边等候晚餐，这是今天的最后一件大事。平常他们没有太多的对话，都保持类似的尊严和良好的行为举止。然而，在出事的这一天，这个群体照常坐下来，却没有服务生出现。很快，有人开始发出抗议的嘀咕声，一般是“如果老板娘在家，就会及时提供晚餐”等。他们还威胁，再也不在这个公寓住了。逐渐地，桌上的自我控制开始消失，工人们开始有节奏地跺脚。一些人喊“我们要吃饭”——剩下的人开始大叫和大声喧哗。他们把硬面包从桌上抓起来，扔到厨房的门上，假装这是扔向老板娘的方向。很快他们攻击的目标出现了，并解释了迟到的原因。最后晚餐也照常提供了，异常的举动逐渐平息下来，但是仍有很多人在发出威胁和嘀咕。由于那些习惯性的反应被打乱——坐在桌子旁，然后就有饭吃——挫折就产生了，攻击行为以违反礼仪、大声索要、喊叫威胁和乱扔面包的形式表现出来。

3. 一个 3 岁的孩子，在星期一比一星期内的其他任何时间都明显表现出更淘气的趋势。这个孩子习惯于每天看到她的父母，受到
14 他们的关注，和他们谈话，问数不清的问题，被抱在怀里，被父亲摇来摇去，受到父母的教育和注意。由于她的父母在她的生命中扮演了实际的照顾者的角色，当她被转交给保姆照顾时，这种顺畅的流程不可避免地被打断了。一到星期一，她就会说她不喜欢父母，并与妹妹吵架，弄湿她的小床，如果她的父母打算完全离开她，她会哭闹抗议。当这对父母注意到，他们在星期六和星期日比每星期其他任何时间都要经常离开家时，“为什么星期一会出现这种行为”这个问题就可能最大限度地被解答了。他们的缺席无疑被孩子体验为一种剥夺，她在星期一的恶劣行为看起来是对星期日受到挫折的反应。然而，在这对父母意识到这个状况后，他们发现，即使是有些星期日他们没有离开，这个孩子依然会在某些星期一吵闹。经过更深入的调查，终于发现，那些周末有客人来访。尽管父母没有离开，但是这种情况对孩子来说和父母离开也差不多。实际上，在经过了最初的重视和宠溺阶段之后，她被更多地扔到了保姆手中，从公众视野中消失，父母的关注也大大减少。可以看出，这个孩子在两种情况下，即当父母离开完全不在场时，以及当他们在场却只是忙于陪伴客人时，都经历着挫折。这个小姑娘通过以下行为给这一假设提供了证明：告诉她的父母（或者偶尔告诉客人本人）她不喜欢客人，或者幼稚地暗示客人该回家了，或者拒绝取悦他们，以及当他们离开时拒绝与他们握手和吻别，等等。总之在她的能力范围内，她想给客人以不讨人喜欢的印象。当生活很平静、没有干扰
15 时，她对父母会做出许多反应，她的父母也会进行配合，现在这种

配合失败了，她的攻击也随之而来。

4. 和正常人一样，非正常人偶尔也会使这个讨论中的一些原则变得十分明显。一个男人由于无法忍受他要杀死妻子和孩子的恐惧，而被送入一家精神病院。他最初是在梦里得知这种倾向在自己身上存在的。接下来，在梦中起初让他震惊的倾向变成了一种可以意识到的愿望，他必须与之对抗来保护自己。他最后逃到精神病院，这样总好过屈服于伤害自己亲人的诱惑。在这个案例中，这里提出的原则需要通过对这个男人的生活进行检验来判断，由于他的家庭的存在，他经历了什么样的（如果有的话）贫困状态。我们并不需要太多的询问就能确定真相。问题集中在有孩子还是没有孩子上。这个人的能力太差，以至于他没有机会增加收入，事实上，他能在同等水平上维持收入就算不错了。额外增加的孩子们意味着可用的收入还要被细分，对已出生的孩子们的教育肯定会被限制，全部家庭成员的吃饭和住宿标准会变得更低，所有加剧贫穷的潜在风险都会提升。但是这个男人由于宗教原因，不能采取避孕措施。因此，他的妻子对他来说就是一个长期的性诱惑因素，他必须不断压抑性反应。作为他自己受挫感觉的结果，他开始憎恨那些仿佛是把这些冲突强加给他的人，也就是他的妻子和孩子们。他最终的解决办法是从这个两难境地中逃离，躲进精神病院。[①]

5. 一个非常喜欢音乐的年轻人正准备去听一个著名小提琴家 16
的音乐会。他的计划很美好，这个年轻人沉浸在他设想的愉快夜晚当中。然而，正当他享受美妙音乐的时候，他发觉坐在他前面的一个男人不停地扭动身体。最初的几分钟，这个年轻人试图忽略这种

① 在这个事例中，由于篇幅的原因，遗传的复杂性被忽略不计了。我们不可能判定，这个男人为什么由于一个冲突而变得完全自我失调，而其他人却可以通过欺骗或者干脆无视而解决这个冲突。然而，很明显的是他受到了强烈的挫折并伴随猛烈的攻击倾向。

干扰。但是，当这种扭动和椅子的咯吱声一直没有减弱的时候，他变得十分愤怒，最后尖刻地对这个打扰者提出建议，说他如果不得不扭动身体和晃动凳子，就去休息室来继续发出刺耳的声音，这样其他听众也会非常感激。这个年轻人正在进行的倾听反应被打断了，他做出的反应是表现出公开的攻击行为。“正在进行的倾听反应”这个短语表述了一个概念，即有机体并不是纯粹地体验一种“欣赏艺术的感觉”，而是实际的正在进行的行为。这个行为是由听到美妙的音乐刺激导致的多种目标反应组成的。

6. 一个年轻人和他的妻子来到一个小城镇，为了进入这个城镇的上层而奋斗。出于自尊，自己位置爬得尽可能高以及丈夫在事业上成功是同等重要的。然后，他们收到了这个城镇一位顶级银行家妻子的邀请，参加在他们家中举行的一个非正式聚会。这对年轻人做了所有合理的尝试来让自己讨人喜欢，而事实上也相当成功。随后，一个更深入的邀请似乎验证了这种成功，他们也接受了这个邀请，并同样有一个愉快的夜晚。

讲述这个故事的旁观者也见证了这对夫妻融入上流社会的满意神情。这位银行家和他的妻子被看作是诚恳的人，他们的友善让人
17 心存感激。然而，这位旁观者也有机会见证这对年轻夫妇对他们年长朋友态度的突然转变。年轻的妻子对银行家夫人的外表和衣着变得很挑剔。她似乎也是第一次注意到，这位年长的夫人对那些比她年轻的男人表现出一种不适宜的轻浮态度。在银行家的谈话中，暴露出一种以前没觉察到的肤浅和自大。通过与朋友们的讨论，这位银行家被突然发现在他的银行里是一位纯粹的傀儡，他之所以在这个位置，更多的是因为他的财富而不是他的能力或眼光。这对年轻夫妇的态度有了彻底的转变，从诚恳和钦佩变成了明显的挑剔和敌

对。对这个大家庭的拜访从此停止了，剩下的只有明显的苦涩。他们对于这种改变没有给出任何解释。

几个月后，在一次私下谈话中，这位旁观者发现了这种感觉反转的原因。在几次拜访银行家的家庭之后，这对年轻的夫妇认为两个家庭正在逐渐走近。他们也体验到一些不满：从他们年长的朋友那里得到的太多，而他们的回报却没有被接受。过了一段时间，他们邀请银行家全家来共进晚餐，希望至少能象征性地偿还一下人情债。然而，这时问题出现了。有好几个星期银行家夫妇都找不到合适的时间来赴约，唯一的解释是他们根本就没想来。这让年轻的夫妇感觉很沮丧，觉得他们被屈就了，没有真正的和银行家夫妇处于同一社会层次。他们的屈辱反应就不可避免了。

对这些资料的分析显示出，受挫的反应是与那些在这个小城镇
的社会生活中寻求认可的愉快和满足相联系的，这对年轻夫妇的命 18
运维系于这个城镇。银行家夫妇拒绝晚宴的邀请，证实了他们被上流社会拒绝的境地，这种拒绝伴随着挫折。这种拒绝让人觉得受挫，是因为它有效地终结了在社会层面所有改善自我的深入行为。无疑，就是由于这一点，这对年轻人对银行家夫妇的反应从亲切和友好变成了极度憎恨。当然，在这种情况下挫折本身被隐藏了起来，因为承认来自别人的屈辱，本身就是一种受挫的体验。

范围和局限

通过对不同的基本概念进行定义并以上述材料进行扩展，很明显可以看出，这些概念不仅从一个科学学科延伸到另一个，它们也和其他的以完整系统的行为理论为基础的概念有了某种关系。但是，当所有的努力都试图将挫折-攻击假说扩大到尽可能对相关的

个人和社会事实都涉及的范围的时候，现有的知识还不允许把这些概念与其他概念在行为科学内进行关联。

即使是目前的系统化层次，对于特定的关系最终也必须重点进行清晰的检验。例如，一种详细的学习理论应在任何完整的人类行为科学中扮演重要角色。然而，这里并没有尝试形成任何能够构成这种理论的假设，对学习本身的问题也没有打算进行系统的研究。目前只能简单地假设，人类有学习能力，学习是根据诸如效果律这样的原则起作用的（169）[1]。

19 除了攻击以外，各种挫折的结果大部分被无视了。替代反应和理性的问题解决本身都涉及扩展的理论构想，在这里想要详细地检验它们是不可能的。同样，众所周知，重复的挫折会减少在随后场合出现的一系列挫折反应的趋势。这种实验性消退现象已经由巴甫洛夫（123）和其他人详细研究过。但是，由于对实验性消退和攻击之间的关系还没有研究过，所以对于这种关系我们知之甚少。焦虑的问题很复杂，坎农宣称（28），已知的愤怒和恐惧的生理成分实际上是一致的。因此，我们不可能知道攻击和恐惧或者焦虑之间确定的心理关系，但是除了假定对惩罚的恐惧（或者预期）可以阻止特定的攻击行为，我们不会对这种关系进行系统的分析。

历史背景

这一节的目的不是要提供一个关于挫折-攻击假说发展的详细完整的叙述，这个任务需要单独一章来完成。总体来说，在关于同时代的原始人和文明人的思考中，挫折-攻击假说承担了重要角色，并体现在古人的著作中。实际上，它在大多数语言的成语中有所暗

① 圆括号里的数字指的是书后参考文献里列的相应的书籍或者文章。

示。例如，在定义“烦恼”这个词的时候，《韦氏词典》首先给出了下面的句子：

> 说说看，什么让我们的灵魂比让我们看着、想着，然后失去我们的玩具更加烦恼？

不同的现代心理学家和社会科学家已经或多或少使用了挫折- 20
攻击假说。例如，尽管并不完全清晰，但是在威廉·詹姆斯的设想中，我们似乎已经不仅看到了这一假说的大致轮廓，还多了很多相对加工过的实际应用，如下面的引文所指出的：

> 在很多方面，人是最无情、最残暴的野兽。福斯特说在所有群居的动物中，“有两个灵魂住在他的心里”，一个是社会的和乐于助人的，另一个是嫉妒和敌视同伴的。……即使被迫成为部落的一员，他仍有权决定，在他所在的地方，这个部落应该由哪些其他的成员所组成。消灭几个讨厌的人要比他们留下更好。消灭一个除了竞争就没有益处的相邻部落，在物质上会对整个部落的大部分人更有益。因此，我们的种族是从残酷的摇篮里，从全体对全体的斗争中培育起来的。因此人生就是变化无常的，昨天的敌人可能很轻易地变成今天的盟友，今天的朋友也可能在明天就会变成敌人。(69，V.2，pp.409－410)

显然，在这段文字中，好战性是与攻击性等同的，并可以得出与目前的系统化相关的三个要点：第一，攻击是由一个内部群体控制的（比如“部落”）；第二，攻击是对那些竞争对象，也就是实际的或者潜在的挫折因素表现出来的；第三，在特定环境下，通常表现很友好的人会做出更明显的攻击。

麦独孤已经指出在“斗争本能”中的攻击现象，他很清楚地说，这种本能是被“阻碍”唤醒的。在心理学上，这个词和挫折是同义词：

> 所以，斗争行为就是一种没有特定目标的特殊本能的表
> 21 现。打开这种本能的钥匙，与其说是某种感觉印象或者任何类型的感觉模式，不如说是任何其他本能努力产生的障碍，这种障碍阻碍了指向它天然目标的顺利进程。(98，pp. 140 - 141)

他还补充了一条非常重要的定量原则：

> 不管我们审视动物王国的什么地方，都会得到同样的规则：一般来说，在一只动物身上，起作用的冲动越强烈，其他生物就越容易激起它愤怒的竞争行为——只要这种生物具备这种反应的能力。(98，p. 140)

然而，挫折-攻击假说在弗洛伊德的工作中才得到了最系统化和最广泛的使用。他早期的作品包含了很多例子。比如：一位女性病人，受到来自丈夫的挫折，表现出希望孩子死去的愿望，因为孩子在她生命中代表丈夫的延续（46，p. 170）；一位成年的竞争对手给一个男人带来某种职业上的挫折，于是这位对手在梦里被干掉（46，p. 171）；被冷落的孩子仇恨得到父母关注的婴儿（46，p. 172，173，280）；被同性别的父母管教的孩子，产生了对这位家长的强烈厌恶(46，pp. 173 - 174)。

在早期的著作中，弗洛伊德认为，这种寻找快乐和回避痛苦的倾向是所有心理功能的基本机制。只要寻找快乐和回避痛苦的行为被阻碍，挫折就会发生。攻击是对这种情况的“本能反应”（45），被认为初始和常规地指向那些被认为是挫折来源的、外部世界的人或者物体。弗洛伊德处理例如蓄意自残和自杀这类异常现象，它们

不是作为快乐原则的反例，而是作为攻击在焦虑（惩罚的威胁）的影响下“转向内部”的例子（45）。根据这种联系，他做出了非常 22
重要的移置原则。

然而，近年来，弗洛伊德关于受虐狂的作品使他采取了有些不同的观点：一个包含死亡本能的假设（47）。这种本能的首要目标是个体内部对生命的毁灭，而它的执行则是受虐倾向的基础。这种更新的观点认为，在出现外部攻击时，自我毁灭的本能会指向外界而不是对挫折的反应。由于这种观点包含的假设对我们目前讨论的内容没有用处，所以我们只需要参考弗洛伊德早期的作品即可。

多拉德（34）已经简单描述了弗洛伊德早期著作中挫折和攻击的一般原则，并把它应用到美国南方的社区。例如，根据他已经分析过的理论，黑人阶层的反应转换为白人群体所施加的挫折。作为这种通常只是社会学的观测的文化境况检验的结果，他已经能够根据对人格和行为的组织揭示出社会结构的心理学影响。在这里，挫折-攻击原则的使用已经十分清晰。在至少两个伟大的社会系统中——萨姆纳和凯勒，以及卡尔·马克思的系统中，同样的原则也已经被应用，尽管只是被当作隐含的前提。

尽管萨姆纳和凯勒不强调攻击是四种社会化的力量（饥饿、爱、虚荣和鬼神恐惧）之一（162，Ⅴ.1，p.21），但攻击的来源问题还是被认为与群体内的“对抗性合作”有关（162，p.28）。很明显，攻击没有被看作是挫折的结果，而只是群体生活的伴随品。内部群体的合作一直存在，因为与内部成员之间无时不在的敌对反应 23
趋势相比，它对群体是很有利的。需要强调的是，是“牺牲眼前的自由以解决温饱问题、爱情问题和其他问题”导致了个体之间的敌对。如果从个人角度来理解“牺牲眼前的自由”，这意味着对社会群体中个体需要做出的反应的一种干预，一种被施加于群体生活必做之事的干预。群体内的攻击被认为是对这种干预的反应。这些作者再次强调（162，p. 355)：“敌对表现为一种为存在而斗争和为生存而竞争的条件”这个事实，例如，如果一个人的“存在”受到了威胁（挫折），他就变得充满敌意。此外，他们还写道（162，p. 18)：“任何人类存在的、只有少量资源的地方，都处在灾难边缘——除了在某些运气好的地方，我们都认为这是最原始的状况——这里充满了敌意、怀疑和其他反社会的情感和习惯。”尽管挫折-攻击假说没有经过明确的和理论的设计，这种言论看起来还是对这种假说如何运行的含蓄的看法。

在马克思的理论中，阶级斗争理论和国家性质在某种程度上再次含蓄地取决于挫折-攻击原则。剩余价值、历史唯物主义、意识形态的性质，这些是在某种纯粹的社会学或经济学框架涉及的、可以被充分研究的主题。但是当马克思主义者在描述阶级斗争和国家存亡中的动态人际关系的时候，他们已经不知不觉地介绍了一种心理学系统，这种系统包含了攻击是对挫折反应的假设。

最清晰和最简明的关于阶级斗争的阐述可以在《共产党宣言》中看到，这篇文章的一般主旨遍布马克思和恩格斯的大部分著作
24 中。原因如下。无产阶级可以被称为是受到压迫的，也就是受到挫折的，因为“这些不得不把自己零星出卖的工人，像其他任何货物一样，也是一种商品，所以他们同样地受到竞争的一切变化、市场的一切波动的影响”，并且“由于推广机器和分工，无产者的劳动已经失去了任何独立的性质，因而对工人也失去了任何吸引力”(97，p. 21)。这种结果导致的攻击“经历了各个不同的发展阶段”。

> 它反对资产阶级的斗争是和它的存在同时开始的。

> 最初是单个的工人，然后是某一工厂的工人，然后是某一地方的某一劳动部门的工人，同直接剥削他们的单个资产者作斗争。他们不仅仅攻击资产阶级的生产关系，而且攻击生产工具本身；他们毁坏那些来竞争的外国商品，捣毁机器，烧毁工厂，力图恢复已经失去的中世纪工人的地位。（97，p. 23）

这种盲目的攻击是没有结果的，因为挫折或者剥削会继续增长：“资产者彼此间日益加剧的竞争以及由此引起的商业危机，使工人的工资越来越不稳定”。简单地说，“机器的日益迅速的和继续不断的改良，使工人的整个生活地位越来越没有保障；单个工人和单个资产者之间的冲突越来越具有两个阶级的冲突的性质”。作为这些不断增长的挫折的结果，攻击表现为以下形式：

> 工人开始成立反对资产者的同盟；他们联合起来保卫自己的工资。他们甚至建立了经常性的团体，以便为可能发生的反抗准备食品。有些地方，斗争爆发为起义。（97，p. 24） *25*

然而，这种攻击并不完全指向挫折施予代理者——资本家，因为“无产者组织成为阶级，从而组织成为政党这件事，不断地由于工人的自相竞争而受到破坏”。最后，“在阶级斗争接近决战的时期”，无产阶级已经组织起它的攻击并成为真正“革命的阶级”。

统治阶级阻止受挫折的人向给他们带来挫折的人表达攻击的一个非常重要的工具，就是国家机器。列宁（马克思主义思想家，也是实践军事家）发展了马克思和恩格斯关于国家功能的含义。在他的《国家与革命》中，他直白地说：

> 国家是阶级矛盾**不可调和**的产物和表现。在阶段矛盾客观上**不能**调和的地方、时候和条件下，便产生国家。反过来说，

国家的存在证明阶级矛盾不可调和。(85, p.154)

因此，资本主义国家带着“特殊的武装队伍”，使得“帝国主义”和“银行”“把这两种维护和实现财富的无限权力的方法‘发展’到了非常巧妙的地步”；或者，用恩格斯的话说（列宁赞许地引用过），国家就是“实行镇压的特殊力量”。

很明显，马克思的理论认为无产阶级的每个成员都经历着严重的挫折。这些挫折来自很多环境，比如：被迫在一台机器上工作并被像一件商品一样对待，这对自尊是沉重的打击；被雇主剥削；经济系统的危机；国家的镇压措施。这些挫折会不可避免地导致攻
26 击，最终，按照马克思主义者的预言，会导致无产阶级最后的胜利。

尽管这里讨论的各种著作包含了挫折-攻击假说的精华，但是只有弗洛伊德正式地把它提出来。眼下的工作是继续发展多拉德关于这一假说的阐述，使之更加深入，并将其保留在关于目标和行为科学的框架内。它不同于过去尝试的地方在于，在行为的系统化方面走了捷径，并且没有试图把任何一个领域内的标准连在一起。它决不要求对人类行为以及个人和集体的完全的系统化。但是它确实试图对一些不同的现象发起一个普遍的讨论，比如罢工和自杀、种族偏见和改良主义、同胞相嫉和动用私刑、讽刺笑话和犯罪、街头斗殴和阅读侦探小说、家暴和战争等等。

第二章 27
心理学原则：Ⅰ

目前我们提出的基本假设是：挫折总是会导致攻击。然而通过常规观察和考察第一章给出的范例，我们可以很明显地看出攻击行为有可能会以多种形式出现。有时攻击指向挫折施予代理者，有时似乎又会针对无辜的旁观者。有些攻击的形式充满活力而且不加掩饰，而另一些则是微弱、微妙甚至是转弯抹角的。因此，尽管挫折导致攻击这种简单的断言可能会为预测人类行为增加一些有价值的东西，但如果可以更充分地理解攻击的特殊形式，那么除了挫折本身，其他心理因素也必须予以考察。在本章和下一章，我们会对四组因素进行更系统的分析：

1. 支配导致攻击的刺激强度的因素，即挫折的数量。

2. 与抑制攻击行为相关的因素，即惩罚的效果。

3. 决定攻击的对象和这种攻击所采取形式的因素，即攻击的移置。

4. 与降低导致攻击的刺激强度有关的因素，即攻击的宣泄。

这些章节提供的各种原则是实验性的，我们不能就此认为它们可以处理所有与攻击有关的因素。它们只是尝试提出一个尽可能系统化的问题，而不是试图给出这个问题的最终答案。我们将使用多 28
种临床的、社会的和实验的数据进行阐述，但这些数据的使用绝不是为了证实上述主张。这些数据只是被用来使观点更容易理解，并提示：为了批判地分析这种主张并发展出一些更充分的见解，这类实验证据最终是必需的。

导致攻击的刺激强度

要想详细说明这一基本假设，第一步是要以下列的定量形式进行重述：挫折的数量直接影响导致攻击的刺激强度。第二步是考察影响挫折数量并因此也影响导致攻击刺激强度的因素。这说明导致攻击的刺激强度应受三类因素直接影响：（1）导致挫折反应的刺激强度；（2）对挫折反应的干预强度；（3）挫折反应序列的数量。我们将对每个因素进行讨论说明。

1. 导致挫折反应的刺激强度。按照这一原则，同样把食物从身边拿开，一只饥饿的狗会比一只喂饱的狗更凶猛地咆哮。与历史课本关键的一页丢失相比，一本侦探小说关键的一页丢失会更让一个 12 岁的男孩感觉愤怒。

在日常经验中的应用使这一主张看起来十分合理，当然，这种合理性并没有得到相关实验数据的充分检验。这里引用的实验是为了深入说明而不是作为最终证据。在一项由 R. R. 西尔斯和 P. S.
29 西尔斯所做的实验中（142），使用 5 个月大的婴儿的不同饥饿程度作为独立变量。在长度为 3 个星期、每天 4 次的喂食中，这个婴儿每天被系统打断 2 次，方式是在几次奶量变化的喂食之后，从婴儿的嘴里撤回奶瓶。通过这种方法，当这些行为产生的刺激有几种不同的强度时，吮吸和进食的挫折强度也不一样。攻击反应的强度通过撤回奶瓶后哭闹的直接性来测量。当婴儿只喝了 0.5 盎司[①]奶之

---

① 1 盎司约合 29.27 毫升。——译者注

后撤回奶瓶，哭闹在平均 5 秒后发生；当喝了 2.5 盎司奶之后撤回，哭闹在平均 9.9 秒后发生；当喝了 4.5 盎司奶之后撤回，哭闹在平均 11.6 秒后发生。这些数据显示，当这个孩子更接近满足也就是刺激强度降低的时候，挫折所导致的直接攻击反应也会随之减弱。

杜布和西尔斯（36）以及米勒（104）设计的问卷调查已经得出了一些额外的相关数据。研究人员先给大学生被试提供他们真实生活中遇到的各种挫折情境的描述。在每一种情境下，都给出了一系列攻击行为和随后可能发生的反应。对被试进行一定指导，来指示他们做出真实反应，并在 4 点量表上对那些其目标反应已受到干预的刺激因素强度进行评分。如果刺激的强度较高，那么攻击反应所占的比例也一定较高。①

恋人争吵所带来的众所周知的暴力，可能也是这一原则的结果。通常认为，由于彼此间亲密的行为对相爱的人比不相爱的人有着更高的刺激程度，情侣中的某一个人对这种行为的干预，显然会比两个不相爱的人之间的干预会引起更严重的挫折。米勒的研究阐 30
述了刺激强度的某种类似的区别导致的结果。他使用了一种烦恼测验，测试的项目可以显示出烦恼的程度，这些项目为：（a）被不同的人冷落的程度；（b）通过不同程度的刺激测试在体育运动中“发挥失常”的程度。对一个很大群体的大学生的测试显示出，在这些情境中，“刺激越强，烦恼（攻击）越强”这个原则是适用的。被陌生人冷落要比被熟人冷落更令人烦恼。相应地，被一个亲密的朋友冷落要比被熟人冷落更糟。相似的结果也可以从与体育运动有关的项目中得到：人们越喜欢一项运动，在这项运动“发挥失常”之后就会越烦恼。所有这些区别有超过 3.00 的临界比。

① 关于这个研究更详细的描述，见边码第 35 页。

2. *对挫折反应的干预程度。*按照这个原则，对一个高尔夫球手进行轻微打扰而产生的少量干扰，在关键时刻让他产生咒骂的可能性，要低于一个很强的、会产生严重干预的打扰。延迟也被认为是种干预。因此，与空等 3 分钟相比，一位雇员如果让他忙碌的老板持续空等了 30 分钟，很显然他更有可能受到严厉的训斥。

我们可以从不同种类的社会统计中获得关于第二个因素的实证数据。虽然这些数据无疑要比精确的实验室实验得出的结果包含更多不可控制的变量，但它们表现出的事实仍然具有很重要的社会意义，以至于甚至只是用实验性的尝试来解释它们也是很有趣的。

两个相关可以被用来说明，随着对目标反应干预的提高，攻击
31 也随之提高。霍夫兰和西尔斯（67）采用经济状况指数来反映一个群体中日常经济活动开展的容易程度。低指数或者恶劣的经济状况，会比高指数或者良好的经济状况给日常的目标反应带来更多的干预。每年动用私刑和暴力抢劫的数字可被用来衡量攻击行为。从 1882 年至 1930 年，美国南部 14 个州每年每亩的棉花产量可作为干预经济活动严重性的指数。这种指数和动用私刑的数量之间的相关是 0.67，也就是当干预的数量有所增长时，动用私刑（攻击）的数量也会增长。与此类似，托马斯（168）发现，暴力抢劫与经济指数也有 0.44 的相关。

米勒关于烦恼的研究（104）也提供了与同一问题有关的结果。项目报告说被试在他们最喜欢的运动中，如果完全“发挥失常”而不是轻微“发挥失常”，会感到更容易被激怒。这种区别的临界比是 5.5。

3. *挫折反应序列的数量。*除了挫折强度的变化，攻击反应的数量或强度也会部分取决于之前或同时发生的挫折引起的刺激中剩

余的刺激数量，这些刺激的总和引起了观察到的反应。较少的刺激加到一起，要比像是直接引起攻击行为的挫折情境，会引起比预期更强的攻击反应。在这种关系中，临时因素非常重要，但是目前还没有可利用的数据可以说明，当第一重挫折移走以后，引起攻击的第二重刺激还能保持多久。对“攻击的准备”这个问题的深入探讨 32
将在第四章展开。

摩根（111，pp. 245－246）设想了一个每日情境来说明之前挫折的综合引起的（攻击的）潜在倾向：

> 假设我们早上起床后，决定今天不管发生什么事都要保持好心情。但是不管我们怎么决定，问题却总会出现。我们可能在哪绊了一跤，找不到衣领的纽扣，刮胡子伤了自己却找不到止血药，早饭吃晚了，然后发现面包烤焦了、咖啡是凉的。但是，经历了这一切我们还是努力保持冷静平和的心态。结果，这时发生了一些很小的事，我们却出人意料地爆发了。身边的人不能理解我们为什么如此易怒。他们如果知道了所有事实，就不会吃惊了。

关于睡眠剥夺的研究（73；141）指出，如果有之前受到严重的挫折作为背景，那么少量的挫折就很容易带来怒气的爆发。在一项研究中（141），一个之前很愿意参加几个困难实验的男人，在不得不对 50 个刺激性的单词做出自由联想之后，也开始大声地抱怨。另一个人给一批笑话评了 0 分，并评论说没有一个能称得上是好笑的。但他在实验的前一天和后一天，却对同样几批枯燥的笑话给出了相对委婉的评分。

攻击行为的抑制

当然，很明显，不是所有挫折情境都会导致明显的攻击。没有几个被逮住的摩托车骑手敢和警察叫板，晚宴上的客人也不会抱怨肉硬得像石头，德国的犹太人同样不会去攻击纳粹冲锋队。然而，如果说在这种情况下没有攻击产生，那显然是不对的。经过详细的
33 调查，我们可以得出结论：受挫折的人会感到“愤怒”“烦恼”，或者只是“在心里发火”。这些语言的表达指的是含蓄的或者部分压抑的攻击行为，这些行为可以被称作“非公开的”，与公开的攻击行为——如战斗、殴打、咒骂以及其他容易观察到的行为——相对应。我们并不是说这些术语意指零散的攻击行为，它们指的只是一种描述意义上的连续体系。

现在看起来，惩罚预期有可能是决定任何特殊攻击行为的抑制强度的基本变量。我们可以暂时认为，任何攻击行为的抑制强度，一定会随这种行为的后果可能导致惩罚的多少而变化。一个男孩如果因为打了自己的弟弟而被暴揍一顿，那么下次在相似的环境下，他还会再犯的可能性应该就小一些。

这条原则本质上来源于效果率，即那些以前伴随着惩罚的行为，会停止发生。① 我们可以认为，每个挫折行为都可以作为各式各样攻击反应的刺激因素。有些是公开的，也就是其他人可以感觉到的，而有些是如此微小（非公开），以至于只有自己能意识到它们的存在。如果过去的经验已经教会他某些特定的攻击行为会导致惩罚，那么这些攻击行为将会逐渐消失，保留下来的都是不会被惩罚的行为。相对于非公开的攻击，公开的攻击最初是由于以下事实才受到重视的：和其他社会一样，在我们自己的社会中，公开的攻击行为经常会受到惩罚。② 然而，我们必须意识到，无论攻击行为是公

① 这里“停止发生”的只是特殊形式的行为，而不是作为挫折反应的攻击行为本身。
② 参见第四章。

开的还是非公开的，抑或是以某种其他类型表现出来的，“惩罚会消 34
除任何具体的攻击行为”这个一般原理应该都是适用的。

我们必须对这里使用的“惩罚”概念进行一些思考。几乎可以确定，在社会环境中，类似身体伤害、侮辱、排斥、剥夺喜欢的东西或自由，这类反应都构成了惩罚，但是涉及这些体验的术语对执行惩罚的人来说，有一种潜在的“倾向”的暗示。这种暗示既不是本质的，也不是必需的。惩罚，在本质上来说等同于痛苦的发生，但是更多是指遭受痛苦的可能性，而不是马上就要实现的事实。

在这个意义上，有两种一般没有考虑到的情况，可以以“惩罚”的名义加入上文提到的形式中。(1) 伤害被爱者也是惩罚。由于人们的爱似乎普遍包含了施爱者对被爱者的认定，所以任何被爱者经受的惩罚本质上都是对施爱者本身的惩罚。当攻击公开表现出来时，很明显会有伤害效果，因此任何对被爱者的攻击都是对施爱者的伤害。(2) 对失败的预期等同于对惩罚的预期。[①] 人们可能因为缺乏合适的目标，或者在执行任务中遇到无法克服的困难而预测自己会失败。[②]

杜布和西尔斯 (36) 已经获得证据来支持这种说法：对惩罚的 35
预期会阻止公开的攻击。据此制定的问卷调查描述了 16 种挫折情境，并测试了 185 个大学生。问卷对每种情境进行了描述，并给出了几个不同的选择反应。被试被指导记录下关于他们在几个月前真

① 这好像与某种条件反应的经验性消退是类似的，并确实遵循某种规则，这种规则与通过惩罚消除反应的规则是不同的。

② 在我们给出的内容里，为了消除一个行为，对惩罚预期的操作机制并不是最重要的。把“预期”这一术语与严格的行为概念——比如目标反应、挫折和攻击——联系到一起，并没有打破讨论层面上的统一性，这使“预期”这一术语也被归属于行为层面。赫尔 (68) 提出了预期目标反应的概念来表述前瞻的和有目的的行为，西尔斯 (140) 以惩罚预期的形式展示了它的使用，这使压抑理论被纳入行为术语体系成为可能。米勒 (105) 宣称，通过使用这一概念，包括未来事件对当前行为的影响等的很多问题可以得到正确的处理，据此，这一概念的功效基本是没有疑义的。

实经历过的几个场景的四项信息：(1) 当挫折情境阻止他们做一件事的时候，他们坚持做这件事的渴望程度；(2) 面对挫折他们采取了何种反应；(3) 哪种反应最让人满意，以及满意的程度（四点量表）；(4) 他们觉得哪种反应可能受到最严厉的惩罚，以及严厉到什么程度（四点量表）。对每种情境可能的反应包括公开的和非公开的攻击以及替代反应。

在超过三分之一的事例中，某种公开的反应被认为是最令人满意但同时也是可能导致最严厉惩罚的。这些特殊的事例被分为三类：(1) 满意的可能性高过预期惩罚；(2) 满意与惩罚的可能性相等，(3) 惩罚的预期高于可能获得的满意。真实发生的公开反应的比例，从第一类到第三类逐渐降低：得到的数据分别是 60.7%、50.5%和 33.3%。这一发现支持了“对惩罚的预期会降低公开的攻击”这一假说。

36

刺激与抑制之间的冲突

对惩罚的预期会降低任何攻击行为的表达，这种说法的前提是：导致攻击的刺激强度是恒定不变的。然而，如果这种刺激的强度是增长的，惩罚预期就有可能被战胜。换句话说，一个足够“愤怒”（受挫）的人可能“把谨慎抛到脑后”，进而攻击挫折施予代理者。能否战胜惩罚预期取决于这种假设：*敌对或矛盾反应会在某种算术意义上负向累积起来*。尽管对这种假设可能不得不进行限制，但霍夫兰和西尔斯 (66)、布吉尔斯基和米勒 (27) 宣称，这种假设在对冲突的理论解释中是有效的。在目前这些事例中，存在着“表达某种特定的攻击行为和避免这种表达预期带来的惩罚”这两个矛盾行为结果的冲突。

对于刺激和抑制这两种对立的因素可以进行某种算术上的合计，这种假设的实验性证据可以在杜布和西尔斯（36）相同的问卷调查中获得。不仅像被试所体现的那样，攻击反应的比例随着刺激强度的增长而升高，而且就像公开攻击被预期会比非公开攻击受到更多惩罚一样，公开的而不是非公开的攻击行为的比例也会升高。在驱力“非常弱”的那些情境下的攻击反应只有39.0%是公开攻击，驱力强一些的有44.7%是公开攻击，再强一些的为47.6%，
最强的是61.6%。由于导致攻击的刺激不断增强，公开攻击行为的 37
不断增长十分明显。所以，相继的更强刺激可以战胜更多抑制公开攻击的行为。

按照奥尔波特（7）的特质结构理论，以公开或非公开的攻击面对挫折情境的反应是天生的习惯，它可能是在任何给定的场合决定这些特殊反应的另一个因素。奥尔波特已经指出，关于人格的其他描述维度，广泛的、不同的社会情境作为同等的行为刺激因素，可以归入一个大标题下。所谓的“个人特质”表现出这类决定性的倾向。至少在理论角度上，对于一个特定的个体，似乎没有理由说挫折情境不能作为任何程度的公开攻击的同等刺激因素。在这个案例中，如果说是公开或非公开的特质，应该是没问题的。在米勒和古德伊尔（109）的演示中，通过试错学习，老鼠可以在一种特殊的情境下形成公开战斗行为。很明显，最初的实验结果倾向于支持这一假说。但对于这样一种可以称为特质的公开程度，这种假说还需要在别的情境中得到发现和验证。

总结

1. 导致攻击的刺激强度直接随挫折数量的改变而改变。挫折

数量的变化受三个因素影响：（1）对挫折反应的刺激强度；（2）对挫折反应的干预强度；（3）导致挫折的反应序列数量。

2. 对任何攻击行为的抑制，随表现出的攻击行为所预期受到
38 的惩罚强度的改变而改变。惩罚包括伤害所爱的对象、无法开展让人激动的行为，以及导致痛苦的一般情况。

3. 一般来说，首先，如果挫折强度保持恒定，那么对一个给定的攻击行为来说，惩罚预期越强烈，行为发生的可能性越小；其次，如果惩罚预期恒定，那么挫折强度越大，攻击发生的可能性就越大。

第三章 心理学原则：Ⅱ

直接与间接攻击

在上一章，我们已经通过考察特定因素对基本假设进行了详细的阐述，这些特定因素通常被认为会影响导致攻击的刺激强度，并且会抑制攻击的强度。我们还需要分析那些被认为影响攻击指向的额外因素。

为了描述攻击可能预期的指向，我们必须做一个深入的假设：*由挫折唤起的对攻击行为的最强刺激，会指向那些被感知为挫折来源的代理者，而随着刺激逐渐减弱，攻击行为也会变得越来越不直接。*[①] 一个刚被雇员打断了休假计划的人，会对他的雇员感到极大的愤怒，而且通常来说，也更容易被周围的其他事物激怒。

最强的刺激会指向被感知为挫折施予代理者的攻击行为，这一原则在战争宣传中找到了社会应用。拉斯韦尔（81，p.47）已经展

① 由于没有一个可接受的关于知觉的刺激-反应理论，这一假设只能以一种不太令人满意的方式来叙述。由于通过学习得到的反应在挫折的消除上是最有效的，所以貌似学习对建立一种类型的知觉——直接攻击的定义是以这种知觉为基础的——是很重要的因素。此外，还有一种可能，这一假设中所假定的泛化与条件反应的泛化是有可比性的：更加直接的攻击行为会是那些与最直接的攻击行为更相似，或者比关联关系连接更紧密的行为。

40 示了一种在世界大战中让人们反对敌人的技巧：让他们相信，这个敌人就是实际的或潜在的重要挫折的来源。在杜布和西尔斯（36）的研究中，有更深入的间接证据来支持这一原则。被试明确地报告说，直接攻击行为要比其他形式的攻击行为更能让他们感到满足。

一个给定的挫折会激起直接攻击。在逻辑上，下一步是当一种被强烈激起的直接攻击行为被一种强烈的惩罚预期所阻止后，对预期行为进行权衡。由于假设直接攻击行为被强烈地激起，对这种直接攻击的干预导致一种附加的挫折在其内部得以产生。然后，按照之前所述原则，这种附加的挫折被预期会：（1）直接激起指向被感知为干预原始攻击行为的代理者；（2）间接增强对所有其他攻击形式的刺激。

很明显，只要后续攻击行为受到了干预，这种恶性循环——挫折，攻击，对攻击的干预，更多挫折——就会不断重复。[①] 我们可以从中得出结论：*对一种首要的直接攻击行为来说，抑制的程度越强烈，次要的直接攻击行为发生的可能性就越高。*

当讨论更加深入之后，很明显，如果所有指向一个给定目标的攻击行为被阻止了，那么其他不直接针对这个目标的攻击行为就很有可能发生。一个人可能踢一把椅子而不是他的敌人。按照弗洛伊
41 德的术语，这种攻击被从一个目标移置到另一个目标。[②] 与此同时，如果专门抑制会成为直接攻击类型的行为，那么其他不同类型的行

---

① 引起攻击的刺激是否持续到最强直到某些行为发生，或者逐渐减弱直到导致攻击的刺激最终消失，都取决于实际的定量关系，而这已超出目前讨论的范围。

② 准确地说，一个人需要区别（a）被假定会发生的攻击的范围（不管直接攻击是否被抑制）和（b）攻击的移置（按照之前推断的，攻击的移置只在更直接形式的攻击被抑制的情况下发生）。由于几乎没有严格控制的观察可以利用，我们无法确切地做出这种区别，移置在这里只是近似使用的一个术语，以揭示这两个现象。

为就有可能发生。① 一个人可能会控告他的敌人而不是试图干掉他，如此一种攻击形式的改变就有可能发生。尽管对于这两种改变，我们并不一定要做出功能上的区分，但还是分开进行讨论。

攻击的移置

被抑制的攻击行为会强烈地倾向于被移置，这一结论被不同研究领域的多种观察所证实。相应地，这些观察经过综合，并通过移置原则获得了更多的意义。

如果以攻击移置原则为基础，“大量的攻击在没有明显原因的情况突然爆发”这种表面上让人迷惑的行为就变得可以解释了。人们发现，一位美国南部的女孩在过去曾经严厉斥责过一位搬运工，只是因为这位工人手边没有正好的零钱。在这位通常都是举止文雅的女孩身上这种行为是非常少见的。她本人有一段时间对这种突然的、暴力的以及似乎是非理性的爆发也非常迷惑和沮丧。经过简单
的询问之后，她发现在那个特别的早晨，她刚刚对她的房东有过非 42
常严重的愤怒体验，但是完全抑制了对他的攻击倾向。当注意到这一事实之后，她把自己对搬运工那种典型的愤怒理解为移置的攻击。

有时，移置的攻击可能会在某种程度上有个更积极甚至是社会认可的结局。拉斯韦尔（82）报告了一位政治改革家的事例，调查者相信，这位改革家的部分热心可以准确追溯到其对父亲与兄弟的基本憎恨。这些憎恨被移置到一些目标身上，而摧毁这些目标会得到这位改革家的追随者的高度认可。我们可以将一些这类的移置称

① 由于缺乏专门数据作为基础，独立描述两种类型行为的原则都被导向同一个会成为更直接攻击形式的目标，最直接的攻击形式因此被定义为：一种会在预期惩罚完全缺失情况下发生的行为。

为“升华”。

三个关于攻击的简单的、探索性的实验也提供了不同类型的、支持移置原则的证据。在其中一个实验中，米勒和戴维斯（108）训练患白化病的老鼠互相攻击，在一个轻柔震动的信号下，老鼠以正常战斗的方式攻击对方。如果在观测到老鼠猛烈攻击对方的同时，马上关闭震动，这种行为就会得到加强。一个小塑料玩偶被放到老鼠的竞技场上，在这里一对受过训练的老鼠正要互相攻击。而同样接受过训练的其他老鼠，在同样的场地每次放入一只，和玩偶放到一起，这些老鼠就开始攻击玩偶。通常都是一只老鼠开始试图攻击另一只老鼠，但是当被攻击的老鼠消失后，它就开始攻击玩偶。

在另一项研究中，米勒和布吉尔斯基（106）使用一种实验场景来使人类被试受到挫折。被试被告知，他们是在进行一项研究合作与竞争的实验，只要听从正确的指导，他们就会做到最好。然后对被试进行分组配对，每次和一个被他们认为是另一个被试的搭档
43 合作，而这个人其实是实验人员特意安排的。在“合作”实验中，这位搭档不断搞砸自己负责的那一部分，使被试的任务失败。在“竞争”实验中，这位搭档通过自己成功完成任务并不断发出干扰言语、制造烦人的互相对比，来使被试任务失败。这个过程中，还采用了其他小的干扰，比如说错被试的名字等等。等到这个让人受挫的实验情境一结束，被试马上会在一个简单的人格量表中给他的朋友们较低的评分，而没有经历这种挫折情境的被试就不会如此。由于他的朋友们并没有出现，并且也不可能因为被试遭受的挫折而受到指责，因此，被试对朋友们更挑剔的态度可以被看作是攻击扩张或移置的证据。

第三个实验，也是由同样的研究者进行的（107），实验利用了

自然条件下的挫折情境。一个营地中的男孩们偶然得知，作为一个常规测试计划的一部分，他们将会被迫牺牲部分的自由活动时间，来进行一个冗长枯燥的考试，而且总体上，考试的题目对他们来说过于困难，根本无法回答。刚开始，这些男孩们还没完全意识到，有什么在等待着他们。之后，他们发现考试将会严重超时，这样，他们就无法参加一心向往的、在地方剧院举行的颁奖典礼。于是，他们只能错过那个星期最有意思的事了。为了探索这种局面下如何施加挫折，实验者在考试前和考试后对所有的男孩进行了简短的态度测试。有一半的男孩在考试前评估墨西哥人，在考试后评估日本人。另一半在考试前评估日本人，在考试后评估墨西哥人。正如所预期的，在经历了考试并错过颁奖典礼的挫折之后，每个人对外国 44
人的态度比之前都更加不友好了。

在美国南方白人群体对黑人的态度中，可以观察到一个明显相似的趋势。如第二章引用的，经济指数和动用私刑的数量呈负相关，这不仅体现了随着挫折强度的改变，攻击也随之改变，还体现了对黑人的攻击移置。无论怎样，我们也不能把棉花产量过低引起的挫折归咎于受刑的黑人。有两项研究认为，如果今年缺乏降雨，那么在下一年乡村地区投票中，现任官员下台的概率要高于降雨良好的年份（10；96）。这一结果表明，政客和黑人一样，也可能成为移置攻击的目标。由于“政客应该对降雨负责”是不能令人信服的，相对于众所周知的公众投票反对经济萧条侵袭时期的执政党，这种倾向可能是更令人震撼的移置的例子。可以确信，人们肯定会发现，产生这种移置的过程会相当复杂。

攻击形式的改变

在之前的例子中，主要强调的都是攻击目标的改变：当被训练攻击的对象消失后，老鼠攻击玩偶；女孩责骂搬运工而不是房东；针对父亲的、强烈却被抑制的攻击，似乎是改革家在有组织政治斗争中的强烈刺激的根源；男孩们错过地方剧院的颁奖典礼，从而对
45 遥远的日本人或墨西哥人产生敌意；对低棉花产量感到挫折的南方白人对黑人动用私刑；因天气因素受挫的居民，投票使官员下台。

然而，我们需要记住，当预期的惩罚抑制了直接的攻击，发生改变的不仅是*目标*，还包括攻击的*形式*。一个被阻止射击他的敌人的人，可能设想自己已经射击了。在西尔斯、霍夫兰和米勒（141）的睡眠剥夺实验中，一个明显的攻击例子是通过画画来间接表达的。被试被要求参加一项表面是研究疲劳对简单生理功能影响的实验，他们在整个晚上完全被阻止入睡。有的被试有烟瘾却不能吸烟。在很长的一段时间，他们被要求静坐着，不能通过阅读、谈话或者玩游戏来放松自己。他们开始被许诺说会有一顿早餐，然后由于项目的“阻力”，他们又不能享受这顿早餐了。在经历了这些和其他的挫折之后，他们对实验者表现出了可观的攻击性。但是根据后来的报告，由于社会环境，部分攻击没有直接表现出来。在这种环境下，一个被试开始画了两幅画，在画中，暴力攻击以一种毫无疑问的方式表现出来。肢解和掏出内脏的尸体出现在各种奇异的场所，有被淹死的，有上吊死的，还有一些身体只是被刺穿和流血，但是都表现了对人体的令人震惊的伤害。此外，当这些画的作者被另一个被试问及画中的人物都是谁，作者回答：“心理学家!”他的同伴们都明显地感到了兴奋。

46 幽默和嘲笑是另一种常见形式的攻击行为。[①] 反对罗斯福的笑

---

① 沃尔夫、史密斯和默里（185）通过实验宣称，幽默调侃的对象会把这种调侃看作攻击。

话就是个现成的例子。如果把这些笑话看作攻击的表达，某个人会希望这些笑话在由于罗斯福新政而觉得受挫的人群中广为流传，不管这种挫折是现实的还是潜在的。而且一般来说，在同一群人中，这类笑话似乎也最多。按照“导致直接攻击的刺激强度随着直接干预程度的改变而改变”这一原则，在法西斯国家，反政府的笑话是最恶毒的。由于针对国家的言论和其他更直接形式的攻击发泄被严格禁止，私下流传关于独裁者的笑话是要冒很大风险的。

阅读恐怖故事似乎仍然是间接表达攻击可以采取的多种形式中的另一种形式。在这里，直接攻击反应的对象和形式都发生了变化。如果阅读这类故事确实是攻击的一种表达，那么相比于其他类型的故事，它们的受欢迎程度随着抑郁所致的总体挫折水平的增加而增加，这一点就不再令人惊讶了。[①]

自我攻击

如果已经认定惩罚预期会抑制直接攻击的表达，那么一些间接形式的攻击可能会以别的方式表现出来。此外，个体还可能通过伤害自己来表达攻击。弗洛伊德（45）已经观察到，某些忧郁症患者会由于过失而不断责备自己，而这些过失在当时的环境下，更多主 47
要是由于他们特定的爱人而不是他们自己造成的。这些观察引导弗洛伊德作出结论：这些个体不是真的抱怨自己，而是抱怨那些经常让自己感到受挫的爱人。因此，自我惩罚似乎就是被压制的直接攻击的一种移置形式。精神分析家根据已有证据指出，不仅是言语咒

① 参见流行出版公司的副总裁罗杰斯·特里尔先生（Mr. Rogers Terrill）的观察结果。显然，我们很难断言这种倾向是单独因素的产物。

骂，身体伤害甚至疾病带来的神经症症状也可以是直接针对自身的攻击表达。[①]

也许最戏剧性的自我攻击形式就是自杀了。与“失恋”的情境一样，这里的挫折经常是十分明显的。如果与“经济萧条导致大众的平均挫折水平升高”这种假设联系起来，我们会发现一个有趣的事实：正如托马斯（168）已经指出的，自杀率在萧条期要高于繁荣期。[②]

有实验证据显示，在米勒和布吉尔斯基（106）发现假搭档在合作与竞争测验中会使被试受挫的实验中，也可以发现很多与挫折有关的、更温和的自我攻击。在经历挫折之后，相对于没有经历挫折的控制组被试，实验组被试还在简单人格量表中给自己打了更低的分数。

攻击转向自身的案例并不是那么简单的，因为针对他人的一定数量的直接攻击差不多也会包含其中。对家庭成员的爱恨交加，可
48 能会带来歇斯底里的症状，伤人伤己。在美国社会，自杀也可能是损人不利己的。在蒂蔻皮亚岛，按照弗思（42，p.177）的说法，自杀是儿子进行复仇的方式，是一种能够持续制止暴怒的父亲们过于不公正的威胁。

之前已经指出，以其他方式被抑制的攻击，可能会转向自身。根据已经叙述的原则，可以做出关于这种攻击表达的三个推论。

1. 挫折被认为提供了针对其施予代理者的攻击的最强刺激，这些代理者被感知为是挫折的来源。因此，当挫折来源被感知为是自己的时候，引起自我攻击的刺激，比挫折来源被感知为是某些外部代理者时会更强烈。

---

① 在这些案例中，可能会有非常复杂的机制，包括投射和内疚等因素。霍尼（65）和门宁格（101）对这种行为中的攻击角色进行了更完整的尝试性研究。

② 关于这一问题的更加详细的分析，参见齐布尔格（186）。

2. 当一个给定的攻击行为受到了干预，这种干预会产生更深层的挫折，这种挫折可能激起新的、针对被感知为要对干预负责的代理者的攻击行为。结果，一个外部代理者对某种攻击行为的限制，会激起针对这位代理者的攻击行为；而对某种攻击行为的自我限制，同样会激起对自我的攻击。因此，相对于被外部代理者抑制的攻击，当攻击行为是被自己抑制的时候，被抑制的直接攻击会变得更强烈，并转向自己。

3. 自我攻击是对自身的伤害。因此，这些自我攻击的反应不可避免会伴随一定数量的惩罚。而惩罚被认为会抑制攻击行为。根据这两点可以推出：如果其他条件不变，除非其他表达类型被更强烈地抑制了，否则自我攻击将会是一个相对不被选择的表达类型，并因此不会发生。

一般来说，这些结论与临床经验应该是一致的，但是在获得更多专门的证据之前这些看法只能存疑。 49

为了对抑制的基本动力学和最终导致自我攻击的攻击移置进行总结，我们可以参考莫罗（113）所研究之一个案例中的亮点。一个小男孩在研究所总表现出不同寻常的、针对成年人的强烈攻击。攻击的形式包括咬人、掐人和拽头发。在研究所严格的纪律约束下，这种公开的攻击很快被对惩罚的预期给抑制了。然后这个男孩开始跟在别的孩子后面，咬他们，掐他们，拽他们的头发。这种攻击表现最终也依次消失了，实际上，消失得如此彻底，以至于这个男孩不再咬任何东西，甚至拒绝咀嚼固体食物。然后，这个孩子开始掐自己，撞脑袋，拽自己的头发。这些行为伤害很大，在他身上造成了严重的淤青，脑袋上撞出两个大包，最后人们不得不把他送到另一家研究所进行治疗。治疗包括消除挫折，尤其那些集中在如厕训练和进食上的挫折，人们尝试着通过完全去掉威胁来消除对惩罚的预期——这种预期抑制了针对成人的直接攻击。经过治疗，这个孩子虽然在一开始表现出更多的针对成人的攻击，但对自身的攻击减少了。接下来，可能是由于他的根源挫折减轻了，他针对成人的攻击也开始减少了。这个案例似乎提供了一幅生动的画面：由成人施加的挫折本应该会导致针对成人的攻击，但这种攻击由于受到抑制从而移置到其他孩子身上，又由于同样受到抑制，攻击开始转向自身，并伴随很多相同的反应。在治疗期间，这一画面被保留了
50 下来。由于针对成人的攻击变得可能，自我攻击就消失了，而随着挫折的减轻，所有攻击就都消失了。[①]

宣泄：同等的形式

对任何攻击行为的抑制都被认为是一种激起攻击的挫折。相对地，任何攻击行为的发生都被认为会降低对攻击的刺激。[②] 在精神分析的术语中，这种降低称为宣泄。

当上面那个小男孩可以针对成人表达更多的攻击时，对其他类型攻击的刺激似乎减少了很多，以至于自我攻击显著降低。相似的动力学可以在另一个案例中得到展示，它也是出自生活史材料。有一位妻子从储蓄账户中撤出了家务支出，让她的丈夫受到了挫折。通过丈夫严格的精打细算，他们缓慢而又艰难地攒着钱。他的妻子

---

① 关于自我-目标的关系，罗森茨威格（134）提出了有些不同的概念，他认为对挫折的反应可以便利地按照“他责”“自责”和“不责”进行分类。他假设这三类反应可以为任何挫折反应提供对应分类。罗森茨威格的“他责”类型很显然对应的是我们公开的针对目标的攻击，他的“自责”类型对应的是自我攻击。“不责”类型没有对应本书中任何专门的反应类型，但是似乎不仅包括目标和攻击形式的改变，还与替代反应有关。

② 可能这种降低或多或少是临时的，如果原始的挫折还存在，对攻击的刺激还会再次形成。而且如果一种降低模式不断重复，有可能会产生适应性。在整个假设中，临时因素的角色和适应的影响都确实需要详细的解决办法。

在用完预定的家庭预算之后，却毫无顾忌地依靠储蓄账户的钱使自己渡过难关，这给丈夫细致的投资计划造成了严重的挫折。然而，他并没有对她发怒，而是痛恨自己。他说："我不怪你根本不考虑 51
我的愿望，它们不值得挂心。我真是一无是处。"然后他关上了房门，妻子听到他在痛苦地哭泣。她可怜的道歉只能带来更多的眼泪和相互指责。她做什么都没用，直到最后，她碰巧对丈夫说了几句尖刻的话。这导致了她头脑中谩骂的爆发，之后丈夫仿佛感觉好多了，也舒服多了。很快他就振作起来，并开始制订新的计划，以便在储蓄账户可以继续存钱。

在这个案例中，指向自我很明显是攻击采取的一个独特方向。当一个更深层的挫折发生后——妻子很明显是挫折施予代理者——直接攻击就表现出来。相对于之前"几句尖刻的话"的效果，"谩骂的爆发"被假定是一个强烈很多的攻击，是对原始挫折加上后来一个相对温和的挫折所制造的全部刺激的反应。这一最终攻击明显会降低对自我攻击的刺激强度，因为对特定对象爆发之后，就没有更深层的自我攻击了。

现在，宣泄和移置原则的共同含义之一就很明显了：*如果原始挫折的水平保持大致恒定，不同类型的攻击之间将会有相互抑制的关系*。这意味着，当任何攻击反应受到抑制后，它的刺激会被移置到其他攻击反应上；而相对地，如果任何攻击反应得以表现，它的宣泄效应就会减轻对其他攻击反应的刺激。

在宣泄理论阐述中已经引用的临床实例，也说明了在不同类型的攻击表达之间的这种逆向或者说对立的关系。"会叫的狗不咬 52
人"，这种民间说法如果是真的，也不失为一种说明。两个很小的实验证据为这一原则的适用性提供了深入支持。在睡眠剥夺实验中

(141)，创作奇异图画的被试被认为是在表达最公开的攻击。在一个自我管理痛觉测试中，他用最小的压力来刺（伤害）自己。相反，另一个似乎有点讨厌这个实验的被试，被认为是在表达最轻度的公开攻击。在痛觉测试中，相对于其他人，他给自己施加了更严重的压力。由于只有 6 个人参加了这项实验，实验结果当然只是建议性而不是结论性的。[①] 在前述的假实验搭档在合作与竞争中搞小动作、让被试受到挫折的实验中（106），发现了更深入的证据：那些给搭档最低评分的人，给自己的评分就不会如此极端，给搭档和自己评分之间的相关是－0.3（S. E. ＝±0.1）。

宣泄和移置现象似乎涉及一种功能性一致，按照这种说法，其中包括各种带有攻击标签的反应。从这种已经被阐述过的功能性一致一般在何种程度上会发生，以及在何种程度上，它会强大到使两种所谓的攻击反应比一种这类反应和其他假定根本不同类型的反应
53 更接近上来说，对“攻击”这一词的假定用法似乎是合理的。[②] 与此同时，这种假定的功能性一致可以达到什么程度，还需要更接近的检验来进行划分以便进行分析，对“攻击”这一术语的目前用法有可能不得不进行改进或者干脆放弃。

总结

1. 由挫折唤起的对攻击行为的最强刺激，会指向那些被感知为挫折来源的代理者，而随着刺激逐渐减弱，攻击行为也会变得越来越不直接。

---

① 看起来，在各种类型的公开攻击之间，以及各种类型的非公开攻击之间，存在着正相关。对立关系一方面在公开反应和非公开反应之间可能存在，另一方面在自我导向和目标导向之间可能也存在。当然如果挫折的量不保持恒定，这种关系可能根本就不会体现出来。

② 参见边码第 9 页注释中提到的替代反应和攻击的操作性区别。

2. 直接攻击行为的抑制是一种附加的挫折，会激起针对被感知为要对此抑制负责的代理者的攻击，并提升对其他类型攻击的刺激。结果，被抑制的攻击有一种强烈的、移置到不同目标的趋势，并以修正的形式表现出来。社会允许的修正形式被称为升华。

3. 由于一定会存在自我惩罚，转向自身的攻击必须克服定量的抑制，因此倾向于不发生，除非其他形式的表达被更强烈地抑制了。如果这些对各种攻击行为的定量抑制保持恒定，当一个人相信自己而不是外部的代理者应该为原始挫折负责的时候，以及当直接攻击被自我而不是外部代理者限制的时候，自我攻击的趋势会更强烈。

4. 任何攻击行为的表达都是一种宣泄，会降低对所有其他攻击行为的刺激。据此以及移置原则，可以推出：如果原始挫折的水平保持恒定，各种类型的攻击之间就会有相互抑制的关系。 *54*

5. 宣泄和移置现象会表现出功能性一致，因此给这种理论表述认定的各种反应贴上攻击的标签，应该是合理的。

55

第四章 美国的社会化

在这一章，首先要处理的是在美国社会中成长和生活的成年人遇到的挫折事件。其次，我们会讨论这些挫折所引起的攻击行为以及社会为了压制很多这种直接形式的攻击而给予的相应的惩罚。最后，我们会分析这种攻击的移置所造成的社会影响，并讨论成年人对这种攻击表现出的快速反应。

只有身处社会生活中的观察者才能完整地研究这些因素。儿童从父母那里学习最基本的圈子习惯。在家里——而不是在诊所或者小伙伴那里——儿童得到第一次奖励，遭受第一次挫折。对这些不仅给他照顾并且也会强迫他做一些事的父母，儿童表现出第一次攻击行为，为了形成在自己圈子中生活的技能，他逐步地放弃了早期的目标反应。关于这个社会化的初始阶段，几乎没有实验室的数据，而自然史类型的材料就更少了。由于获取足够的文字材料（更不用说操作因素的定量评估）依然很困难，所以接下来的解释性陈述必须很充分才行。①

儿童时代是一个快乐的阶段，这个观念在美国社会很流行。结果是很多工作者低估了社会化的情感代价，进一步说，就是传授合作进取价值观的愿望。这一愿望倾向于要求注意力从参与社会生活后不可避免的攻击反应上转移走。本章的目的是强调（甚至是高度强调）挫折事件对社会习惯获得的作用。我们这样做不是想要弱化群体生活的好处。我们很清楚地认识到，群体生活的目的是提升满意度，并使人们获得最长时间和最大数量的目标反应，避免伤害、拖延以及死亡。一个社会如果不能给成员的基础需要提供持续的和大量的强化，它可能很快就会消失。实际上，作为一种有规律使用的手段，挫折迫使进入社会的群体发展出更复杂的反应模式，以提供更多的满足。然而，满足和强化不是本书要阐述的要素。我们的重点会集中于作为社会化事件的挫折和攻击，我们会逐渐明白，即使没有一直被强调，美国社会生活的满足品质也一直是令人欣赏的。简单地说，我们的目的，是系统整理出一个新的、平衡的观点，也就是在一个广泛认可的观点——强调社会生活的价值——之中，加入一个对其代价的同样鲜明的理解。 56

儿童挫折的模式

如果婴儿可以说话，他们会讲述自己遭受挫折的故事：对他们

① 因此，本章的材料，只能最小限度地来自常见的儿童研究。主要依靠以下资源：

(a) 成年人的研究。这里必须参考对儿童时代的挫折的研究，观察从婴儿到幼儿这个过程中孩子性格的变化。在这里，我们假设儿童期经历的记录会在成年人的习惯中有所保留。

(b) 对两个四岁以下的儿童的社会化所进行的一个集中的、自然史的研究。这个材料已经被记录下来，但是还未被完整地分析或出版。

(c) 儿童分析师的研究（主要以分析的形式汇报）。即使没有提供扩展观察材料，以及这些材料可能是在遭受最严重挫折的儿童身上观察到的，这些材料仍极具价值。

(d) 在不同的文化模式下成长的儿童会产生不同的问题，从这些文化研究中可以得出一些推论。

57 纠正行为的持续期望，成年人的粗暴命令（在他们看来），已经建立的工具性行动和目标反应被频繁禁止。根据定义，这类对已经建立的反应序列的干预是会让人受到挫折的。只有详细的研究才可以显示出，我们社会的儿童在6岁时的行为改变是一种多么非凡的进展。儿童时代在这里可以被看成一个坚持、强迫，有时甚至是粗暴改变习惯的阶段。

要记住，是成年人组建了一个社会，建立了一般的行为规范（包括儿童被引导执行的技能）。如果这种技能上的改变对社会造成了攻击，是成年人而不是儿童做出了最初的调整，并改变他们的行为来适应新形势。最终，儿童教养也被改变，以适应成年人所采用的新风俗。这是那部分处理儿童教养的文化的功能，这种教养的目的，是帮助未来的群体成员作为成年人参与社会生活。就像凯勒（75，p.49）揭示的，当一个儿童接触到了文化，他就接触到了一种生活的组织方式和一套解决问题的办法，这套方法使他的群体以某种形式适应于所属的自然世界。成年人的这些解决方法已经备好，而儿童被迫学习和使用这些方法来解决那些他以前都没遇到的问题。从孩子的立场来看，这些任务中有一位权威的角色，这位有远见的、社会化的角色做出了很多规定。例如，这个孩子很久以前就被警告，要远离奇怪的瓶子，因为有可能会误服二氯化汞；或者，这个孩子很多年前就被禁止向外人展示自己的裸体，因为警察有可能因其在大街上实施下流的裸露行为而将其逮捕。

从孩子的角度看，文化的形式体现为一套专门的、必须要解决
58 的任务。这些任务是实际的学习情境或者两难局面，其中规定的答案是已然存在的。例如，如果某种文化认为，燕麦片就是饥饿刺激

的目标，那么吃掉并喜欢上燕麦片，然后立即放弃吵闹着要牛奶或冰激凌就是孩子自己的事了。其他已经在执行的反应序列，必须在新的反应得到试行和稳固之前及时终止。这是文化的优势之一：行动的目标（有时还包括导致目标的行为序列）是现成的，这样，相对于其他动物，在挫折情境下建立快乐的替代反应的过程中，儿童的随机行为就不是十分必要的。然而，在此期间，在对现存序列的干预和对新的（尽管是已经规定的）替代序列的学习之间，甚至在那些学习的条件十分理想的情况下，挫折也会随之发生。很明显，根据以上事实，只有模式化的两难境地、目标和替代反应才在这里讨论的范畴之内。类似于断奶、清洁训练以及攻击控制这类情境，影响了美国社会的全体儿童，是群体生活的固定事件。此外，还有一些问题情境，比如孩子得了罕见的疾病，这种问题虽然不在社会模式中，但是确实会发生，并通过增长的挫折而影响社会化进程。

喂食

对于文化指定习惯的学习很早就开始了，并需要通过一系列陈规旧俗的考验。[①] 通常，以任意单位制定的婴儿喂食时间表在出生后就立即开始执行了。从儿童对饥饿反应的视角来看，选择特定的时间可以人工进行并因此干预了强烈刺激的反应序列。[②] 59

对所有人来说，强加给儿童的、关于早期进食习惯的反应模式的改变都是十分明显的。这一任务是为了让儿童遵照传统，在他自

① 如果忽视了婴儿出生的情境，很可能最早的挫折就被我们遗漏了，因为“出生”对于处在子宫内的孩子来说，可能是一种特殊的事件，这种事件会对婴儿之前的特征性反应有所影响。

② 下面的讨论主要适用于美国中产阶级和上流社会家庭的儿童，对下层社会家庭的儿童就不那么适用了。在下层社会，父母对性和攻击的态度有很大区别，我们对此知之甚少。

已的群体中学会喜欢食物。然而，最早的一些习惯是围绕吸吮而建立起来的。为了使这种学习可以持续，有些习惯必须被终止，在断奶之后必须改吃辅食。[①] 吸吮行为在美国通常是不受惩罚的[②]，尽管在有些别的国家不是这样[③]。美国是通过撤走奶瓶的方法对反应进行干预。不管吸吮是通过什么途径被终止的，断奶具有挫折属性几乎是无可置疑的。列维（86，pp. 99－101）指出，延续初始本能的倾向是很强烈的，这可以通过吸吮拇指、皮肤、周围的陌生物体以及诸如此类的行为体现出来。我们眼前就有一个现成的替代反应：咀嚼和摄入固体食物，社会也指定了这种替代反应的类型。南森（118，pp. 152－153）和曼（95，p. 81）已经揭示出，在那些吸吮乳房的行为既不被惩罚也没有消失的地方，这种行为会伴随咀嚼
60 和摄入固体食物好多年。因此，美国的模式显然制造了一个吸吮反应的阻断点，使婴儿不懈地追寻替代反应，比如拇指吸吮（30，p. 49）。由于婴儿护理同时涉及唇口和饱腹目标反应，很显然我们的社会只提供了整个婴儿护理反应的一部分。在学会咬和嚼之后，饱腹就可以实现了，但是对于唇口反应的部分，我们目前还没有现成的替代反应。

在生命的第一年，学习过程中遇到的挫折可大可小。有可能是喂奶的时间表不符合婴儿天生的饥饿频率，这种情况下挫折自然就随之产生了。也有可能在规定时间武断地停止夜间喂食，这会给婴

① 在儿童局的出版物中，对断奶有一些建议，按照《婴儿护理》（30，p. 61）的说法，儿童应在 7 个月或 8 个月时断奶，并且在 1 至 2 个月内完成。这份卓越的期刊在全美国的母亲中有超过 1 000 万的发行量。

② 通过更深入的分析，还有可能是奖励和惩罚之间的区别会被另一个更好的区别所取代。然而，对目前的工作来说，在不妨碍深入分析的前提下，保留并使用这些概念应该更实用一些。

③ 例如，米德（100，p. 90）在报告中提到马努阿人在乳头上涂上柠檬汁；朱诺德（71，p. 60）描述了巴聪加人使用牙买加胡椒的方法；沙佩拉（137，p. 868）指出，纳马族霍屯督人把苦涩的芦荟涂在乳头上，用来给孩子断奶。

儿带来额外的挫折。[①] 任何必定导致婴儿护理反应改变的肠胃不适，都一定会提升挫折水平，尤其因为这种不适是无法预期的，这种加在婴儿身上的改变可能会有些突然或剧烈。

这里的主要论点是，在改变饮食习惯期间会自动产生挫折感，没有人在这个时期能摆脱挫折感，这种情况是我们应对学习新饮食习惯时的社会模式引起的。[②]

文化的差异 61

在美国，某些处理儿童挫折的模式与其他国家并不相似，反之亦然。我们不像一些群体那样限制儿童移动的自由。比如，戈洛（54，pp. 296－297）描述的雷布查人，在出生前 18 个月，婴儿醒着的大部分时候被母亲用一根吊索背在身后。我们也不像克罗族印第安人那样，在婴儿哭闹时，用类似往鼻子里灌水的惩罚办法来限制哭闹本身（116，p. 275）。因此，我们的婴儿，幸免于这种特殊的挫折环境。科学创新已经改变了孩子必须面临的很多固有的挫折。由于哺乳期的婴儿一旦得了某种疾病就可能使很多的目标反应被颠覆，因此看起来很明显，患病率的降低已经极大地降低了这方面的挫折预期（155，p. 143）。在通过接种疫苗和隔离对儿童疾病进行文化控制的地方会有将挫折降到最低的趋势，这也是事实。

---

① 关于控制饥饿刺激和随后反应序列的正确模式，目前还没有定论。儿童局或儿科专家推荐的方法目前也没遇到什么挑战，因为目前这个领域可用的研究看起来还不确定。可以确定的是施加挫折的程度与允许学会新的可利用的替代反应有关，与消除一种厌恶的反应序列所采取的措施有关。例如，可能通过比吸吮更有力的奖励方式来使儿童断奶，或者可能只是通过不受奖励而使他们的吸吮行为逐渐消退，再或者可能因一直保持吸吮行为而使他们受到惩罚。在美国，也许所有这些方式都在某种程度上被采用了。

② 弗洛伊德把生命中的这个阶段看作性格形成非常重要的时期，并已揭示出以这类经历中的挫折性质为基础的一些成人反应。

探索性的优势

当涉及周围的可用目标时，孩子们会表现出探索性的优势行为，这给观察儿童的自然主义学者留下了深刻印象。在婴儿可以行走之前，这种行为可能包括把任何和全部喜欢的东西放进嘴里。这种倾向在很多情况下都会被打断，比如这件东西可能会掉颜色，或者孩子拿的是一把刀之类的危险东西。当婴儿可以行走后，对他的握、摸和拉的动作必须做出限制。例如，他不可以碰烟灰缸、香烟、火炉、暖气片、眼镜或者百叶窗等；他也不可以在光滑的表面
62 上敲打或行走，比如钢琴或餐桌。起初，婴儿不能稳定地区分哪些东西能碰、哪些不能碰，他主要的反应都会被干预。当然，这种特定的干预是一种强化正确区分的手段。

我们的社会试图通过提供可以完全占有的替代目标，比如玩具、球和旧东西，来使挫折的环境最小化。设置游戏房或游戏围栏在这里也是一个解决办法：尽管这里的设施也限制了婴儿的活动，但是在所有在房间和围栏范围内的满足，可以被当成一个良性的原始狂热来处理。然而，类似由游戏围栏带来的对活动的限制，也可能导致极大的挫折，尤其是当重要的目标对象——比如食物或父母——只能眼睁睁地看着却碰不到时。哭闹经常被当作一种抗议的举动，为此，大人们使用无视（30，p. 44）或者在婴儿面前把门关上的办法。一般来说，这种抗议的举动就会逐渐消失。

清洁训练

父母们很容易就意识到，对于成长中的儿童来说，如厕训练是非常重要的，在这种情形中反应序列必须得到改变。肠的蠕动和排

泄物的累积起初会通过反射活动来舒张括约肌，然后按照“本能的序列”产生了排泄行为。这种序列必须通过如厕训练而得到改变。人们努力在肠或膀胱出现紧张（原始刺激）和肛门或括约肌放松（目标反应）之间，加入其他类型的行为。这个加入的行为包括：关于排泄可以发生的时间和地点的风俗习惯。当这个附加的行为习得之后，儿童就可以说是被训练过了。然而，这种训练可不是一个很小的工作，而且很明显，对原始反应序列的干预是让人非常受挫的。一个很小的儿童被放到一个坐便器上，并在一段特殊的时间 63
内，一直被放在上面（30，p.47）。他的行动自由受到了限制，儿童起初是通过哭闹和挣扎来抗拒这种限制的。如果这个儿童的哭闹和挣扎被无视了，额外的挫折又会产生。父母是否在坐便器上抱着孩子，以及这个坐便器本身是否让孩子无法逃脱，这些都是很关键的。

对儿童来说，学会厌恶自己的排泄物也是很重要的，因为这种厌恶是接受过良好训练的成年人的一种特质。当儿童触碰、涂抹或闻他们的排泄物时，这种训练就可以开始了。父母可能在行动上阻止这种行为，可能会惩罚孩子，会大声喝止这种行为并做出表示厌恶的姿势。儿童的排泄物被禁止触碰或摆弄，甚至是被当作正常社会中的禁忌之物。儿童部分躯体的主要反应被这种训练限制和干预了。从父母那里得到愉快刺激的期望也被削弱了，只有当儿童学会厌恶和躲避排泄物之后才会恢复。弗洛伊德（46，pp.272 - 273）相信，这种强加的学习对婴儿自主和自尊的目标反应来说是一种致命的挫折。

对无法控制排泄的孩子进行鞭打可能已经很老套了，但是在人类社会中却无疑是广泛存在的。当孩子们在户外常见的地方排便，或者当他们对他们的排泄物表现出不合规的行为时，他们就会遭到鞭打。鞭打不仅阻断了被惩罚的反应，还干预了孩子与父母之间和谐的反应。这是一种双重挫折。撤销惯常的奖励可能也被用来作为
64 一种强化清洁训练的手段。儿童如果弄湿了衣服，就得不到冰激凌——这也是一种挫折。

通常，成人也会奖励清洁训练中的成功。例如，一个儿童由于晚上没有尿床或者某些日子表现得很乖，会得到一点奖赏——可能是一个冰激凌或者一块糖果。如果伴随的奖励技巧只涉及期望的行为，那么学习过程就有可能会变慢，而如果增加用以阻断已存在的反应序列的惩罚，学习就有可能加快。总之，不得不接受的清洁训练要持续好几个月的时间，并且进展缓慢。关于这些，大部分已经广为人知。但是，这一点——在接受清洁训练的同时，也可能产生对其他训练情境的反应习惯——却并没有引起足够重视。据悉，一些儿童在这段经历之后，对任何试图让他们学习的习惯都表现出敌对和痛苦（1，pp. 13－21）。经过对处于这一阶段的两个儿童的仔细研究，研究者报告说，不管后面使用什么手段，儿童都表现出对训练的强烈抗拒以及反对。看起来，一个社会似乎没办法毫无痛苦地进行清洁训练。最后，由于已经对原始的和自然的反应进行了干预，一个新的、耗费时间的序列，被插入肠和膀胱的紧张导致的刺激中，并导致了排泄的目标反应。尽管在这一关联中总会发生挫折，但挫折的真实强度无疑是由采用的训练模式和新的学习所允许的时间决定的。最终，挫折的环境必定会逐渐消失，因为已经学会的新反应也会充分地降低肠或膀胱的紧张，尽管这一过程是延迟的。

儿童依赖的降低

在正常情况下，每个儿童都应该会逐渐稳步地减少对父母的依赖。儿童必须学会走路，而此前他一直是被父母抱着的；而被抱 65
着，当然就是这种环境下的一种反应。儿童会逐渐了解到，在即使经历了一些小事故之后，父母也不再抱他了。儿童必须放弃大部分的搂抱、爱抚等一些最小的宠儿才能有的特权。原先孩子气的饭桌礼仪和规矩必须改换为成年人喜欢的习惯方式。儿童必须学会等待自己的食物，保持脸部清洁，顺从地让大人把头发梳理整齐，按照餐桌礼仪在规定的区域进食。有时，所有这些延长的结果都会包含挫折，并引起儿童的抗议。即使儿童有一种父母允许的（因为很可爱）、孩子气的说话方式，他也必须学会改正和放弃这种说法方式，而代之以大众接受的语音结构。当儿童已经“太大”，不能在遇到挫折时用哭喊作为抗议的手段的时候，这种哭喊就必须被放弃。哭喊行为因为有时会受到惩罚，还有些时候没什么效果，就逐渐消失了。在这里可以看到，作为一种抗议类型的发声法，必须为更精确的言语辨别而让路。儿童对服务的需求，与他的依赖性一起，通常就变得不那么紧急和重要了。儿童在第一个四年或五年中学会了不可能通过对他人的无助呼喊来立刻实现所有的目的，而他在某种程度上也陷入了一个系统中，这个系统强迫所有人学会扮演相对独立并且互相合作的角色。

早期性行为

如下推断有很好的基础：手淫行为作为小孩子们探索身体的行为的一部分是自动出现的。当四处乱抓的婴儿第一次碰到自己的生

殖器时，他发现了一个高度敏感的器官，如果抓挠这个器官，会感
66 觉很舒服。这种人为的刺激由于随之而来的高度奖励，成为一个目
标反应而固定下来。此外，这是一种独立于其他人而执行的行为，因此某种程度上，它本身就属于只有小孩子才能做的一种行为。由于我们的社会一贯反对小孩子手淫，因此这种行为必须被禁止。处置手淫习惯的方式多种多样。首先，必须阻止目标反应再次发生，办法包括：在清洗时，特别小心地不过度刺激孩子的生殖器；或者一直给孩子穿着衣服，这样孩子直到好几岁了也无法碰到自己的生殖器。同时，大人们还一直采取间接的抑制，比如孩子必须在睡觉时把手放在被子外面。这种情况下，根本不会出现手淫的问题，因此这种禁令显得有些武断。对于特别小的儿童，类似打手心的惩罚会被频繁采用，反应结果在这种干预下也就会被阻断。

还有一类干预的办法被人们经常建议和使用，比如把一些别的东西放到孩子手里。这种撤除奖励的办法有可能阻止反应序列的固化。特别是在孩子大一点的时候，人们一般采用言语的批评，比如威胁（对男孩）如果手淫，阴茎会被剪掉或者脱落。孩子陷入一个两难境地中：要么在生理的意义上保留有用的器官而不能使用它，要么使用它然后失去这个器官。

大多数被密切研究的成年人在这个领域显示出压抑的迹象。一个通常的例子是，一个人用言语或者其他符号来指出生殖器刺激的存在，但是这个人并没有采取行动去触碰或者摩擦他的生殖器。对此，唯一的解释是操作反应被抑制了。

在我们的社会中，孩子们对与手淫有关的刺激和目标反应通常
67 不太熟悉。这种辨认或者命名某种活动的失败，本身就倾向于把自
身从一系列可能实践的反应序列中排除出去。因为，给这种行为起

一个中性的名字，就可能会被认为是一种沉溺其中的许可。

关于这一点，我们能说的只是所有孩子在 1 岁到 2 岁的时候，在某种程度上已经学会和固着于包括性愉悦目标反应的一系列行为。在某些情况下，这种反应序列可能不会高度固着，并且很容易被阻碍。而在另一些情况下，反应序列也可能被很好地建立，并因此需要极端严厉的惩罚才能禁止。对这种多样可能性的清晰理解，会有助于理解手淫禁忌对随后习惯形成的影响。对手淫的禁止，在生命中的特定阶段可能有时会对所有性行为起作用，所以会对一个人在成年时婚姻调整的可能性产生影响。毫无疑问，对手淫行为序列的干预，因导致极大的挫折而会被意识到。在很多情况下，这是一个很难改掉的习惯，不管与之联系的是奖励还是惩罚。米德（99，p. 136）已经揭示出，萨摩亚人对手淫没有像美国社会那么看重，这有可能导致形成了不同的成人性格。

弗洛伊德（46，pp. 174－177）已经发现并强调了一个非常重要的成就：一些儿童在长大一些之后，会放弃早期的对父母的性欲序列。在对儿童研究的这个阶段，我们只能指出对父母性欲依恋的因素，但无法断言这种因素在人类中普遍存在。只有在那些神经症患者身上，这种依恋才可以被明显证实。然而，存在这种依恋的人群，可能要比神经症儿童的范围大得多，因为我们目前只有关于神经症儿童的足够的报告。儿童到 5 岁时，他的习惯已经大部分经由 68
持续施加影响的父母而得以形成。因此，在很多情况下，父母对儿童来说很重要。因此，一些儿童出现性欲时会求助于父母也就不奇怪了。手淫行为第一次出现时，经常包含公开的对奖励或者父母帮助的期望。归功于我们普通的性行为的类型，这些反应最终“指向”异性的父母。这些习惯，包含梦话的成分，如果没有父母的配合，部分就消退了，而父母本身是通过表现出乱伦禁忌来掌控这种禁止的。儿童必须学会看向别的地方，或者干脆哪都不看，或者至少期待不久的将来有其他人会给予配合。在手淫的事例中，如前所示，父母本身——儿童手淫时幻想的对象——可能正是惩罚儿童类似行为的人。当这一公开的和原始的、针对异性父母的反应序列通过惩罚或者无奖励而逐渐消除后，儿童就开始准备好建立家庭外的关系，其迫切程度是前所未有的。精神分析家们证明（39，pp. 18－19），这种指向父母的具有情欲色彩的反应被阻断，是一种普适的而且经常是关键的挫折来源。这种经历引起的苦涩可能会影响一个人余生对待父母的态度。当然，父母除了禁止这种行为外没有别的选择。这种情欲反应的受阻，成为干预对社会化父母之依赖的一个阶段。

性别形成

69 每个个体的社会人格必须与其生物学意义上的性别相匹配，这是很基本的。也就是说，男孩要有男孩的习惯，女孩要有女孩的习惯。性别形成要求儿童们像父母一样为成人角色做好准备。这种形成过程尽管很明显是由生物基因决定的，但是还会从较小儿童的不定型反应中得到发展。例如，如果不想被看作是娘娘腔，男孩们必须学会去和相近年龄的男孩战斗，而不是天天和自己的姐妹打作一团。女孩们必须知道，爬树是很不淑女的行为，尽管男孩可以这么做。男孩们必须了解，过了一定的年龄阶段，再玩布娃娃就很缺乏男子气概，尽管在这之前他们玩得很开心。男孩们也必须知道，在冲突的环境中，流泪绝不是一个正确反应，而女孩们流泪就没人有异议。女孩们必须学会不要劈着腿坐着，而男孩就不用注意这个。

这个清单可以无限地列下去，但是目前已经足够指出反应序列的改变，这些反应序列在性别形成的前提下得到加强，并且多多少少被看作是挫折。在有些情况下，在成年人身上依然可以看到反抗传统行为限制的趋势。

年龄分级

在人类学家林顿（89，p.429）看来，我们社会中的年龄分级是很明显的。每个儿童都有一个确定的身份和相应的角色，这些决定了他可以做什么和不可以做什么。对儿童们的观察显示出，这个角色不是被儿童毫无异议地接受的。似乎是随着周围言语控制的不断增加，大概在 3 岁半到 6 岁之间这个阶段，儿童获得了父母以及他们如何生活的概念。儿童会按照一些还不能完全理解的方式，开始参与所有在他能力掌握范围之内的父母的反应，并开始要求和父 70
母“完全一样”的自由。例如，儿童可能要求自己当一个家长，尽管这在生理和社会的意义上都是不可能的。如果儿童有任何关于父母享受的性自由的概念，他可能也会要求有旁观或者偷看的自由，要求与其他人以性的方式进行娱乐的自由，要求模仿性交或者使用与这类行为有关的术语的自由，等等。在我们关于儿童角色的概念里，所有这些行为都是必须被禁止的。

一个儿童可能会渴望像父母一样很晚才睡觉，或者像父母一样，无论白天和夜晚，在家里有想去哪里就去哪里的自由。如果父母希望有任何隐私的话，他们是不会允许这种自由出现的。当孩子被放到床上时，他就必须待在床上。但孩子可能不想被独自留下，他想和父母在一起。如果被告知和父母在一起会很无聊，孩子会坚持认为这也“挺好”或者可以和其他的孩子一起玩。父母不能允许这种行为，因为我们的社会模式也不允许（试想如果一个小孩子出现在晚宴上，客人们会怎么说呢?）。这个孩子可能希望在社交环境下自由地谈论，不是只随着父母一起有一个常规的“顺序”。如果他自己选择了某种谈话，他还要在其中占主导地位。然而，儿童必须学会，他“只是个孩子”，“小孩子要多看少听”，有时甚至连看都不能看得太多。这种对年龄分级的抗议形式数量太多，这里不可能详细阐述，但是它们在每个儿童的成长过程中有规律地发生，就像在儿童的世界里，掌握语言是他期盼渴望的经历。父母只要出现，就具有强大的、次级强化的价值，这一点在这里也起了重要作用。儿童们希望和父母在一起，只是因为父母一直以来都带给儿童们奖励，就像父母一直也带给他们挫折一样。现在，儿童需要知道，他不能像父母那样做所有的事，当他独自一人的时候，必须自
71 己找点乐子。当然，这种描述只限于我们自己社会中儿童的成长过程。

学校的挫折

经历了漫长的家庭内部的挫折过程，孩子现在被送到了学校。众所周知，这件事包含了习惯的剧烈改变。家中熟悉的机制和事物，曾经给他们带来很多愉快的经历，在一天当中的很大一部分时间里不得不放弃了。与父母的亲密关系，以及所有基于这种关系的反应都被禁止了，一个代替的人以教师的形式出现在面前。在学校中，有比在家中更多需要忍受的竞争对手。孩子尝试让自己满意的反应序列的自由，在很大程度上也被废除了。学校提供了一整套固定的、需要学生面对的新任务，以及需要掌握的新单词和新技能。孩子必须尝试安静地坐着，而在上学之前的这段时间，他已经习惯

了随意走动。除了有限的情况下——比如背诵课文或者游戏的时候——孩子不能随便说话。为了在学校群体中当上优等生，他必须和其他儿童竞争，而不管遇到什么困难。他可能不得不在学校和家里再次努力上进——行为序列本身在家庭中已经或多或少失效了。看起来，只有被集体强化的活跃法则以及父母与学校完全达成一致，才能使孩子在这个新的学习环境中坚持下来。他必须接受督学官员的限制，防止冲出这个“领域”。不管什么原因，在没有这种达成一致的地方，孩子很难专注于养成一套新的包括学校情境在内的目标反应，因为旧有的目标反应被打断，施加给他们的挫折过于强烈。埃里克森（37a）已经明确地展现了在苏族保留地的学校里发生的这一序列。

青春期 72

众所周知，在我们的社会中，青春期作为儿童生活的一部分，是攻击性和易怒性不断增长的阶段。这个阶段的事件在本书下一章进行讨论，这里只是简单提一下。手淫反应明显地受到了更新的刺激，被社会用各种手段对付（通常是威胁和惩罚）。朝向异性接触的刺激因素也在起作用，而且由于我们紧密的家庭结构，通常会导致乱伦冲突的短暂爆发。一些儿童体验到了一种改头换面的、强烈的同性恋刺激，并且发现这种刺激尽管表面上是受到禁止的，实际在社会模式中却是多种多样的。随着性刺激的增强，娱乐群体的社会重要性不断增强，个体必须进行新的学习，尤其是关于个人形象、举止、衣着和正规的行为——比如跳舞。同时，关于婚姻和职业的习惯养成也在形成的过程中，因为这两件事与性刺激是密切联系在一起的。儿童需要走出摆脱家庭依赖的最后一步，在学校或婚姻生活以及在青春期晚期开始的经济调整中，独自面对这个世界。

成人时代的挫折

在儿童时代早期，我们不得不面临最频繁和最激烈的习惯改变，这也许是真的，但是成人时代本身也并不缺乏调整的需要。走入婚姻需要学会新的技能，例如指向另一个人的性取向，以及和对方亲密地共同生活。对一个行为过程的所有优势的原有需求都必须被放弃，但同时，相应的对所有限制的原有需求却都不能被放弃。对配偶以外的其他人的依恋限制，就是一夫一妻模式的类似要求。
73 很少有人在结婚之前没有至少遇到一个同样适合他们的人。很多人在婚后也发现，或者认为他们发现了相当多的这种对象。在这种情况下，突然出现的性反应被外部的限制和社会恐惧给阻断了。如果在经历了被强加到美国社会年轻人身上的、那种漫长的异性恋反应延迟之后，婚姻本身被发现不那么令人愉快，结果显然只能导致新的失望和对立。当然，如果人们已经完全准备好去接受它们，婚姻带来的愉悦感是相当多并且相当大的。

对于成人时代，一个早期的要求是职业需要产生的、对刺激的反应之发展。对一些人来说，这意味着在获得更高端的技能之前，需要面对婚期的延后和放弃很多年的轻松生活。对另一些人来说，这意味着一种工作，这种工作面临失业、低收入以及后期没有保障的风险，还有在特定社会地位上力不从心的感觉。而对大多数人来说，职业选择需要前瞻性、对眼前消费和心仪目标的放弃，以及对不远未来的稳固预判。旧有的和固定的依赖他人的习惯可能不得不放弃了。经济萧条让上百万人失业，并且看起来要持续很久，这使得这些失业大军变成不得不靠政府救济的社会底层。对这些人来说，职业的目标反应被干预了。对历经辛苦才拥有高级技能的人来说，这是一种尤其苦涩的挫折。

在我们社会中，很多有社会流动性以及想要提升自己的社会地位和收入的人，都面临一个特殊而长期的问题。流动人口必须按照他们之前没见过也不了解的标准来改变自己的社会习惯，没有人会教他们。他们想要归属的群体一般对外来者报以憎恨的态度，很少给这些新人“学会提升”的机会。这可能导致一个长期的关于社会地位的焦虑，并自觉低人一等。当这些在社会流动的反应被持续地 *74*
打断，外来者就有可能产生一种盲目的和无以言表的憎恨，并持续整个一生。维布伦（175，pp. 30 - 34，102 - 114）为一些在追逐高位过程中遇到的挫折描绘了一幅鲜明的图画，他指出，在向上爬的过程中有一种普遍存在的压力，而我们社会层级的顶端的名额毕竟是有限的。很多人在这个过程中头破血流。

对几亿人来说，战争的危险已经变得更加真实，这种危险并不只限于军队。战争已经像经济依赖那样成为世界范围的，当今世界的任何成年人都无法阻止。战争包括对生活中大部分愉快反应的干预，不只包括那些直接参战的男人，还包括那些失去男人的女人。大部分的恋情必须被放弃了。通常的食物满足被打断了，日常生活被另一种很不一样并且更加苛刻的模式所代替。由于不受战争影响的旁观者持续变少，随之而来的小挫折正在变成大挫折。

由于世界大战之后俄国革命取得了成功，在德国和匈牙利也有了几次失败的尝试，所以革命的威胁对美国社会的高端人士变得触手可及。在富人的和谈以及晚宴中，穷人愤恨的阴影始终挥之不去。对于白手起家的富人来说，这似乎非常不公平，因为他们承受了太多的牺牲才获得今天的影响和地位。上等阶层会对可能被迫改正一些目标反应而感到恐惧，这种恐惧是我们社会一种现有的强大力量。

我们社会的高效率已经能够避免大部分自然灾害，并把损失降到最低。虽然洪水仍旧会泛滥，造成几十万人无家可归，缺吃少
75 穿，疾病流行。轮船沉没或飞机失事，痛失爱人。龙卷风席卷堪萨斯州，把上百亩土地的宝贵谷仓撕成碎片，并伴随着痛苦和损失。这些事件会导致对具有强有力刺激的目标反应的干预，并且急需痛苦调节机制。

疾病是笼罩在我们每个人头上的威胁，大多人经历过。它妨碍了许多本可以带来满足的活动。它还降低了个人的收入，降低了本来可以用作其他想要的目标反应的收入的比例。它永远都会立刻给我们带来挫折。

对我们社会的每个人来说，衰老和死亡的前景都会让人觉得受挫（65，p. 272）。有关这些事件的知识和预期是我们社会起源的特征。死亡是所有反应的最终点，它的预期常常伴随一种无可奈何和虚度生命的感觉。死亡由于还与来世惩罚的观念相联系，与那些即使是最理性的人也永远不会放弃的观念相联系，从而会带给很多人更深的恐惧。“所有人都会死”，这句话带有一种不祥的意味，它不仅是一个推论的主要前提，更会让人觉得很受挫折。

美国社会对攻击性结果的干预将在下一章讨论。同时，“攻击反应的中断构成它本身的挫折并经常让人们无所适从”这种看法应该是比较恰当的。当攻击反应被抑制时，它们对人类综合能力构成了一种持久的威胁。很多温和的人由于有一种预期——这种反应一旦被启动，将会扩展到巨大的范围并带来严厉的惩罚——他们于是就放弃了所有的目标导向攻击行为。对过度攻击反应的完全抑

制，会导致长期的无助、依赖和挫折状态。身处这种状态的个体明显是相当多的，很多人还因此患上了神经症。这种对所有攻击的完全干预并不是我们社会的理想模式，对个人限制过多，以至于无法进行合法的自我主张和创造性活动，对普通大众来说是无法承受的。 76

攻击的管控

根据挫折-攻击假说，每个挫折环境都已预示会引起独立攻击行为的火花。[①] 下面的讨论将会集中于适合每种类型挫折的攻击形式，以及攻击反应被社会代理者压抑的方式。 77

---

① 如果我们沿着这里建立的时间轴，研究一下在生命不同阶段攻击行为的统计学数据，看看是否其他研究者已经发现在期望有攻击行为的场合确实出现了攻击行为，这种做法应该是有价值的。比如，在学校和诊所接受清洁训练时，是否出现了更多攻击行为？这种尝试由于会遇到不同的研究方法、术语、时间段和概念框架，会变得非常麻烦。雪莉（148，pp. 24 - 25）通过对 25 个婴儿从出生到两岁的“易怒性”的研究，在测试环境以“叫喊”和“发牢骚”为测量标准，发现“易怒性”在婴儿第二周末达到顶峰，在前八周仍保持较高的程度，然后就逐渐消失了。看起来“易怒性”与婴儿出生后初次遇到并需要调节的挫折事件有关。值得注意的是，婴儿即将断奶时，并没有表现出更高的易怒性。这可能会为“断奶是较严重的挫折”的假说提供了反例。

古迪纳夫（53，pp. 70 - 76）报告说，在 45 个儿童（当他们被观察的时候，年龄从 7 个月到 7 岁零 10 个月）中，恼怒爆发的频率曲线在儿童 1 岁到 2 岁时达到高峰，然后紧接着一个快速的降落，6 岁到 7 岁零 10 个月这个阶段又有一点轻微的提升。这些数据可能显示，在断奶和清洁训练阶段，挫折都会导致攻击。6 岁到 8 岁之间的频率上升，可能意味着在学校遇到挫折或者与父母打破感情纽带过程中形成的敌意。古迪纳夫引用了福斯特和安德森（44，pp. 18 - 20）的可靠证据——他们总结了 100 个年龄从 2 岁到 7 岁的儿童的案例历史——描述了儿童在 2 岁大的时候，恼怒爆发达到顶峰，其次是 6 岁时，曲线在 5 岁时跌到最低点。

G. 墨菲、L. B. 墨菲和纽科姆（117，pp. 390 - 397）以及斯托达德和威尔曼（156，pp. 359 - 361）讨论了对广为人知的 2 岁到 4 岁时“消极期”或者“抵抗期”的代表性研究，在这些研究中，高峰期一般在 3 岁。比勒（26，p. 397）报告了一个关于“夸张的固执”的相似最大值，她的数据来自一份拜访问题儿童的临床记录。这个 2 到 4 岁的高峰紧接着一个下降的发生率，一直到 10 岁至 14 岁，这时，第二个同时也是稍低的高峰出现了，在 12 岁至 14 岁达到最高点。这些数据可以为清洁训练、喂养问题和支配倾向抑制带来的挫折所引起的攻击行为增多提供证据。与 7 岁至 10 岁时的年龄段相比，这似乎表明了儿童早期攻击性的增强。

不断衰老的事实和对死亡的预期在这里被看作是挫折。卡森（29，pp. 82 - 84）的数据似乎支持了这一观点。他在一个年龄范围从 10 岁至老年的人群中，发现在 40 至 60 岁的时候易怒性（根据个人对“烦恼”的计算）达到了高峰。

每个社会成员都会通过经验来学习哪种类别的行为会被社会定义为攻击。在第一次学习中，他们可能是通过别人的反应才发现哪种行为是具有攻击性的。攻击行为会伤害他人，而且有些人可能会以牙还牙。

对所有了解我们社会互相依赖本性的人来说，避免攻击后果的必要性是很清楚的。为了维持互相合作的生活，社会可以说已经学会了压制攻击。个体的攻击犹如一根鱼刺腥了一锅汤，会伤害所有人都依赖的合作行为。萨姆纳（161，pp. 16－18）很早就注意到反社会合作的暗流。有人可能会纠正他，说合作是赋予社会性动物的轻微一些的罪行。延续生命的合作序列受到了奖励，而攻击序列则受到了惩罚，并最终被死亡终结。然而，合作行为包括确定的牺牲和由此产生的不便，人们通常对此都会心生抵触。在社会生活中，可以通过各种措施来限制敌对行为，但它始终是一个必须加以考虑
78 的因素。在那些使社会运转、再生并在其中打拼的成年人之间，攻击的控制尤其关键。为了培养这类成年人的性格，攻击行为的控制必须被扩展到从孩子的反应开始，并且要开始得很早。反社会的成年人对群体是无用或者危险的。为了避免这类危险的性格，我们已经经历过完整的、针对儿童时代攻击的规范行为的系统塑造。

至于一般父母如何对待他们的孩子，我们知之甚少，而关于儿童的攻击反应是如何被惩罚所抑制的，也没有绝对权威的说明。大部分父母会有些耻于对孩子的攻击，出于自我保护，他们的报告有可能是不真实的。在家长做主的家庭里，给孩子制定纪律和抗拒他们的攻击行为直接导致强迫的氛围得以形成。这种氛围以我们察觉到的方式表现出来。“尊敬你的父亲和母亲”是必需的。对孩子自身的攻击行为来说，这种要求本身就是一种普遍的、带有攻击性的

家长戒律。谁都会听到“我不想家里有个没教养的孩子”。孩子们被告知“我在你这么大的时候就不会这么干”。作为实际的办法，而不只是在大多数启蒙教育讨论中被建议使用，“不打不成器”这一信条在抚养孩子的过程中并没有过时。如我们将要看到的，孩子的大多数攻击行为在每个发展阶段都是被抵制的，抵制的模式正好适合应对孩子表达敌意的方式。勒温（88，p. 616）已经讨论了孩子的“负面行为”，这是对父母限制的反应。

通常，大人用两种办法来抑制儿童的攻击。一种是对攻击反应给予没有奖励的反馈。“如果你打小妹妹，就没有甜点吃。”这种对 *79*
待攻击的模式经常以“爱的收回”或“特权”的方式表现出来。另一种办法是通过惩罚来抑制攻击反应。其中的主题是：“如果你打小妹妹，我就会打你。”

在哺乳阶段，人们一般采用的特定手段是忽视而不是惩罚。很多父母不奖励孩子们的哭泣、咬人、挠人、打滚、扔东西等行为。在早期，一般不采用打耳光的办法来反对孩子们的攻击行为，因为我们意识到孩子这个阶段在生理上是很无助的。如果婴儿没有像往常那样拿到奶瓶并因此哭闹起来，我们通常“无视”这种哭闹，也不给他拿奶瓶。父母觉得是攻击性的反应，在孩子看来其实只是抗拒行为（30，pp. 44－45）。看来，似乎在大多数案例中，吸吮剥夺不会导致长期的憎恨，因为一个充分的替代反应——进食——已经出现了。

针对儿童第一个主要倾向，比如触、摸、推、握、打、走、挠等等，大人们常使用打屁股或打耳光之类的身体惩罚。在这些活动中，持续的攻击或者对导致挫折的人进行攻击，受到的惩罚都是相似的。如果儿童被限制在一个玩具围栏内，这种熟悉的和攻击性的反应就不可能涉及社会不允许的对象了。对儿童探索范围进行限制，以及通过惩罚抑制攻击，或者通过隔离来阻止攻击，这些行为是否有效还不清楚。

在如厕训练的案例中，就孩子而言，使用某些办法来对付攻击
80 行为似乎是一件非常正常的事情。孩子被机械地放到坐便器上，他的哭喊和吵闹因无人理睬也就逐渐平息了。相当多的父母在无法让孩子遵守如厕规矩时，会打孩子耳光。毫无疑问，这种行为不仅是为了惩罚孩子随地大小便的倾向，还为了惩罚孩子对清洁纪律的抗拒，总之，是为了惩罚潜在的攻击。例如，孩子已经因为弄脏东西或尿床挨打之后，还可能由于反抗或者哭闹而再次挨打。孩子可能由于从椅子上跑开而被打。另一个吓唬孩子的办法是责骂，在这里父母已经意识到责骂行为代表了一种惩罚或者没有奖励的威胁。如果孩子能够并且也确实说出了他的憎恨，比如说父母“刻薄”，他就可能被打或者被威胁收回一些特权。在任何情况下，坚持声称孩子必须学会保持清洁，会导致直接的攻击表现。在我们的社会中，这种表现会遭遇父母的纪律要求（即惩罚）。孩子们必须学会保持清洁的同时，放弃对这一事实表现出所有形式的公开厌恶。我们关于排泄的传统为初始反应提供了充分的替代反应，所以，在这种情况下，似乎没有理由要做好不断遏制某种攻击的准备，尽管在一些案例中我们好像还要做好类似准备。同时，不断增长的敌意似乎可以通过各种发现来证实。比勒（25，p. 397）已经注意到，在 2 岁到 4 岁之间“夸张的固着”的频率；利维和图尔金（87，p. 320）注意到（对权威）的“完全抗拒”在 2 岁半时达到一个顶峰；古迪纳夫（53，pp. 171－173）已经强调了父母和孩子之间“冲突”的重要性，这种冲突在 2 岁和 3 岁时的清洁训练中直线上升。

精神分析学家（39，pp. 22－23）已经发现，对那些在“习惯 81
训练”的名义下遇到禁止的人来说，儿童时代对手淫的禁止造成的
伤害远比看起来要大。这种行为序列的自然特点和轻易固着已经被
注意到了。此外，在儿童时代晚期，手淫的习惯开始与儿童对他人
的性欲愿望以及自尊都变得密切相关。对这一习惯的干预，限制了
儿童指向父母的性欲行为，降低了自主和控制的感觉。手淫一旦被
禁止，这一行为的持续就变成了对自己的反抗行为。这种反抗会受
到更严厉的威胁以及可能的惩罚。人们可能会向儿童建议，这种行
为会给身体或心灵带来危险，比如他不会长大或者会发疯。割断阴
茎的威胁显然是很常见的。① 父母的惩罚通常是如此严厉，以至于
儿童放弃了尝试并忘记了那痛苦的环境，但并没有放弃自己的憎
恨。相应地，这种憎恨也会遇到明确的反对。这种特殊的憎恨经常
表现为对父母和家庭生活充满敌意，或者在成人时代，对任何对个
体性欲愿望表现出友好的人，都长期表现出一种疑虑。外部的威胁
被内化（46，p. 175）并构成一种持续的挫折，导致了稳定的、针
对他人的攻击反应。需要注意，相比断奶和清洁训练，这里并没有
提供充分的替代反应。我们不知道在多少案例中发生了这种关于手
淫问题的激战。也许一些儿童没有其他儿童那么容易被刺激，或者
从未以相同的方式固着于这种习惯，所以也就不需要斗争了。无论
如何，在社会生活中，对手淫的禁止是一个关键的变量，对它的控
制，一般已经被内化，是攻击反应的一种稳定来源。人们可能会希 82
望这些反应一直持续下去，直到一个更合适的目标——比如恋爱对
象——出现。

① 一个现代的母亲告诉研究者，手淫的问题在她儿子身上很好解决。“他父亲只需要说一句‘剪刀’。”

父母一般对儿童生活中的全部挫折事件都负有责任。这些挫折可能发生在食物反应、排泄倾向、做主的愿望、长大的愿望、手淫或其他行为的案例中。相应地，按照第三章提出的原则，父母会立即成为孩子直接攻击的目标。孩子不会错失这种直接攻击——比如击打或掌掴——成年人的机会。通常，这些行为是被惩罚预期所抑制的。一些儿童仅仅收敛了一段时间，然后又恢复到对父母带着实际的敌意表现而攻击的状态。在儿童时代早期，咬人或者挠人行为是会恢复的。这种情况下，儿童通常会被推开以免伤害父母。人们还知道有掌掴甚至反咬的情况。对父母表现出积极反应也是一个重要因素。正常情况下，大人在敌对的倾向中占据了优势，并把敌对趋势从直接表现中驱赶出去。但是，按照假设，被抑制的直接攻击会有强烈的倾向，以一种改变的形式表达或者移置到不同的目标上。在许多儿童身上，全部指向父母的、伪装的攻击形式，表现为通过学校的失败、胆怯或夸大疾病，来使父母蒙受耻辱或者挫折。在种族偏见这一部分，人们会建议，这些针对群体内爱人的攻击性反应也经常表现出来并得到实施。此外，很明显在以下情境中还允许一些攻击：针对不守道德的人的流言蜚语、对罪犯的惩罚，以及在一些对攻击有超出正常容忍范围的情形，还有父母对不听话的孩子进行惩罚的案例等等。

83 兄弟姐妹之间的攻击性反应是父母们最熟悉的问题。这些反应显然有两个刺激来源。第一个是兄弟姐妹中的一个通过拿走对方的玩具、撕坏书本、受到父母更多的关注等等方式来使另一个受到挫折。掌掴、挠、咬、哭、骂和说谎可能是随后表现出来的全部攻击形式。第二个敌意来源很明显是从指向父母的直接攻击被抑制后移置过来的。如果父母可以，他们会通过收回胜利者的奖励或者频繁的身体惩罚来严厉地压制孩子们的争吵。对每个在大家庭中长大的人来说，“你不能伤害你的小弟弟或小妹妹”应该是非常熟悉的警告。

家庭内部挫折所导致的攻击性反应，在游戏同伴中找到了新的目标。在这里，对憎恨的压制可能不如在家里活跃，而只有在真正的、毁灭性的敌意出现时才会发挥作用。在中等和上等阶层中，对任何攻击性群体的惩罚比下等阶层更容易发生。当然，在同伴中会有竞争的不和，也会有敌意表达的空间。除了从家庭成员移置来的攻击，游戏情境施加的挫折会直接导致他们内部适合的报复。在游戏群体中，男孩对女孩的敌对行为很有可能会受到惩罚。在很多家庭中，尤其是更低阶层的家庭中，对其他男孩的攻击还有可能受到父母的赞许，尤其当这种行为看起来是合法的自我保护的时候。实际上，压制孩子攻击反应过于严厉的父母，可能会发现孩子们在游戏群体或者是以后的生活中无法获得尊重。

学校管理带给儿童的很多新的挫折所导致的攻击，只能在学校 84
和家庭的联合战线中遇到。座位上的大头针，飞舞的唾液纸团，把蟾蜍放到老师的桌子里，哼唱编排老师的低俗歌曲，都是这种攻击的常见例子。孩子们如果想要为成人生活做好准备，就必须压抑对学校规定学习环境的抗拒。维克曼（181，pp. 123 - 128）比较了511位教师和30位精神卫生学者对学校儿童相对严重的行为问题的评估。一般来说，相对于后者，前者认为最严重的行为会使儿童在与社会和学校道德的冲突中更具攻击性。学校以额外任务、取笑和警告等形式直接施加惩罚。在逃学案例中，专职人员会把这个孩子抓起来，然后不顾他的意愿把他带回去。合作的父母如果听说孩子在学校不听话，会在家里以任何熟悉的手段惩罚孩子。“如果你没完成作业，就不能听收音机。”这是父母把权威借给一个社会机构来强迫孩子绝对的顺从。

通常的禁止、警告和收回特权在青春期又再次被用来对付孩子增长的敌意。对新的表达形式的需要——比如晚点回家或使用汽车，父母出于对生命负责都会坚决反对。总会听到这种说法：“我再不想有一个不能自己上学、不能远离坏小子的孩子了。”

如前所示，在成人生活中，挫折的来源是很多的。所有的成人个体已经面对了挫折清单上的部分或者全部挫折，并倾向于某种程度的攻击反应。与其他人相比，有些人更是准备执行更有力的攻击
85 性反应。在成人生活中，有很多因素会限制这种攻击性表达。在成人群体作为一个整体的案例中，比如作为一个国家，当然就会有对反攻击，即战争的恐惧。显然，这种威胁正悬在每个现代国家和组成这个国家的男女老少的头顶。对他们来说，这是一种对集体攻击的潜在威胁。当然，同时这种威胁也使备战成为正义的，这也是事实。不过，敌对国家报复的威胁无疑限制了任何个别国家的统治倾向。还有，一些个别国家的扩张会导致大范围的世界文化分化很快发生，虽然这可能不是真的。

在任何特定的国家内，对权威代表的内部敌意都是社会生活的普遍特征。就像工人领导者和资本家一样，双方都希望发生革命性的改变。偶尔，这种敌对会以暴动或不服从的行为——比如反对《禁酒令修正法案》——爆发出来。美国社会的掌权者已经清楚地意识到这种敌对的存在以及采取相应措施的必要性。一份军队“白皮书”（172，p. 11）——应对国内紧急情况爆发的军队行动计划——出台了。这份文件甚至包括了“遇到暴乱时飞机可以在大城市的哪条大马路上方便地降落”这类内容。国家的武装力量是一种

长期的威胁，一直悬在那些想通过暴力改变社会系统的人的头顶。

警察是维持市民秩序的内部武装。他们控制了在财产、性或者名誉竞争中出现问题的社会成员之间产生的攻击。警察是进行局部控制的，相比群体暴动，他们在处置个人攻击者时更有用。在法庭和监狱的协助下，他们使攻击者在大众道德中处于孤立。受到这种孤立的人会不受社会尊重（由于不受信任，释放后也难以找到工 86
作），正常的社会生活的慰藉——比如运动的自由和恋爱的幸福——也会被剥夺。实际上，警察取代了父母对孩子的管教行为。在警察不能马上赶到的情况下，“别人会进行报复”所带来的直接威胁限制了攻击性行为。排队等候的人们可能会为了一个特定位置，直接进行斗争来维护自己的权利，从而阻止别人侵犯这种权利。

很明显，不是所有的群体内攻击都被禁止了。总会有无法忍受的刺激存在的环境，比如在“不成文的法律”中，杀人甚至成为制裁手段。如果是为了维护道德、抵御犯罪行为或者谴责粗俗和下流，那么攻击也是被允许的。然而，一般来说，最暴力的攻击行为都是由国家垄断的。

无疑，试图强制压抑却反而激起个人攻击行为的最有力的制裁，是社会的鄙视、嘲笑，以及停止与攻击者的接触。每个人都需要群体内的亲密关系才能生存下去，一旦失去了同伴的认可，就会因违反公共规范的攻击受到严重的惩罚。“小偷”（sneak）或“窃贼”（thief）以及“骗子”（chiseler）这类的名词，在维持社会秩序方面可能比军队和警察联合起来都更有效，因为它们直接影响了个人的收入和自尊，并且会减少社交生活。“老鼠”（rat）这一词，作为叛徒的标签，在类似黑帮这类的反社会群体内部也有同样的效果。

作为支持群体内对攻击禁忌的一种力量，“良心”的影响怎么评价都不为过。良心或内心抑制是在儿童时代对攻击进行抑制的产
87 物。它是使一个人在独处时仍要保持“善良”的力量。它在攻击行为公开表现之前就抑制了它们，有时甚至连激起直接攻击的言语表达都抑制了。良心必须持续地被已经列举的惩罚所加强，否则就会逐渐失效并使攻击行为得以释放。因此，在两种方式上，良心可以是让人感到受挫的：它可能会阻止一些指向目标反应的原始序列，或者当前者被阻碍后，阻止随后产生的攻击序列。

攻击的准备

本章讨论的主要是美国社会，涉及的是挫折的来源和随后攻击反应的本性，以及社会如何反对这些攻击。如果大量的攻击反应不能自由表达，一个人会希望有持续的对其他攻击序列的刺激。这可能确实是事实。值得注意的是，对攻击的抑制是在被萨姆纳（161，p. 12）称为“群体内”的和平区域产生的。攻击的行为被这种群体内文化所限制，每个身处其中的成员都要学会确认什么是攻击行为。针对群体内成员（比如家人、同学、老乡、警察、国家领导人以及人民大众）的反社会行为，大部分是被禁止的，这是社会得以延续的最基本条件。

然而，在我们的社会中，攻击可以被移置到一些替代的目标上。这些替代的攻击目标包括一直在电影和侦探故事里呈现的反面人物、类似犹太人或移民的外国人这样的少数群体，或者像黑人这样的种族群体。勒温（88，p. 19）对移置的结果进行了初步的统
88 计。在两组儿童中，一组接受“独裁式”领导，而另一组接受“民

主式”领导。结果，独裁群体的儿童们在群体内显示了更多的敌意。似乎可以推断，“独裁式”首领让这些美国孩子感到受挫，产生了攻击反应的刺激，而他们害怕对首领表现出这种反应。结果是攻击从首领转移到了群体内的其他孩子身上，并产生了替罪羊。

即使有警察和士兵存在，攻击行为还是会在犯罪和动用私刑过程中发生；此外还会在特别强调投入的比赛中出现，比如橄榄球或摔跤。在每个自我防御的阶层或小团体中，也有机会出现针对那些不属于这个团体但是想加入的人的攻击。人们经常渴望对罪犯进行审判和惩罚，这样才能为攻击倾向提供机会来展示对犯罪行为和罪犯的痛恨。

作为以往生活的结果，任何特定的人都会将一种或高或低的“忍受”挫折的能力带入成人生活，在遇到挫折时，某些时刻要以一种“准备好去攻击”的姿态去面对。一些人很容易去憎恨，在成人生活中遇到每个小刺激都会借机发飙。另一些人则不那么容易动怒，而且发现遇到挫折时“稍安勿躁”是很容易的。可能在后者看来，他们的经历已经能让他们有这种期望：在一种特定的目标反应上受挫，很快就会带来一系列令人愉快的替代反应。也许那些对任何挫折的反应报以最强烈的、公开的攻击趋势的人，他们以过去的 89
经历为基础，还不知道愉快的替代反应随后会到来；或者他们一直在承受着秘密的严重挫折，这种挫折的来源是那些起初很容易观察到的挫折的总和。那些带着极度的敌意，随时准备对任何轻微的或者是可能出现的挫折都爆发的人，构成了人类一个值得注意并且重要的部分，他们参加任何社会运动都极度活跃。可以想象一下，每个国家都有大量的个体，不断地需要对一些人、一些想法或一些群体来表达他们的攻击。

对外部群体的攻击

正如萨姆纳已经展示的，在“我们群体”内部的和平以及对“别的群体”的敌意似乎是相关的因素。这里我们假设这些因素是动态相关的，攻击反应只不过经常从内部群体的成员被转移到了外部群体的目标上，也就是那些和我们的风俗不一样的“半人类”或者“非人类”的个体。这是一种明显的、原始的内部攻击反应移置的事实。① 在一个社会中，对其他种族或电影反派攻击的移置，显然不足以达到完全宣泄的效果。对内部群体挫折的长期负担太过沉重，以至于完全宣泄是不可能的。相反，就像过去一样，外部群体的成员因为实际上是偶然对内部群体生活造成挫折而受到怪罪。由此，攻击反应的主要目标被移置到了他们身上。因为意大利国内的经济如此低迷，争论四起，意大利士兵为轰炸西班牙的市民找到了理由。对外部群体来说，要成为很好的替罪羊，他们必须通过风俗
90 或特点上的差异被从内部群体中区分得如此明显，以至于他们绝不会处于内部群体攻击的禁忌内。外部群体成员因此可以被看作是纯粹长期的挫折因素，就像传统的敌人或者是对正常的内部群体生活的威胁。当然，他们实际上也确实经常如此。但是他们看起来是如此稳定，好像只是为了使移置给他们的攻击看起来是正义的。

总之，新的成员必须了解：由于对现存目标反应的干预是必需的，受挫是内部群体生活的固有特点。即使获得了成人身份，但是由于人类的生理天性、掌握物质世界的社会技能的缺乏和对社会生

① 在 1095 年，教皇乌尔班二世在法国克莱蒙特对公众说：“让那些原先习惯于邪恶私斗的人展开对异教徒的虔诚圣战。把那些目前还是强盗的人变成士兵。让那些之前与他们的兄弟和亲人战斗的人去和那些野蛮人战斗，像他们本应该去做到那样。”（133，p. 314 注释）。

活所必需的目标反应的抑制，这些因素依然会带来挫折。这些挫折导致的大部分直接攻击必须得到和平解决。当然，我们还是可以发现和利用一些移置和限制表达的机会，比如在群体内部维持秩序，或者像科学研究揭示的那样攻击挫折的来源。然而，还要说一句，很多限制在群体内部的攻击反应的刺激，要么必须被引向自身，但代价是极大的不适，要么就是被移置到外部群体成员身上（48，pp. 85－92）。要使简单的人类组织变成合作的群体，我们必须彻底理解这个事实。直接含义就是，一个——尽管只有一个——避免战争的条件就是消除社会内部的挫折。

第五章 青春期

在前一章，我们已经看到，社会化必定会包括挫折，这主要是由于任何社会都存在禁忌和行为规范。在个体生命中，成长的最后一个重要阶段和最后一个加强社会化的阶段就是青春期。人们已经公认，这是一个特别关键的调整阶段。在青春期，个体要努力面对新的生理刺激，学习社会所要求的新的习惯模式，这些努力的结果会导致很多冲突（139）和典型的行为模式。一般认为这种重新确定驱动-刺激行为方向的干预会导致挫折，因此，预计同时也会产生攻击。这一章的目的是对一些青春期的事例进行检验，尝试分析主要的挫折情境并描述由此而产生的攻击行为。

生理和身体变化

为了让读者更清楚问题所在，我们首先必须简要回顾一下青春期的生理和身体特征。不幸的是，对青春期发生的生物学改变目前还不是很清楚。有人相信（6），在 7 岁到 15 岁之间的某些时候，根据个人情况，脑垂体变得十分活跃。此腺体的分泌活动至少导致了两层效果：成长素和性激素都被激发了。第一层效果是提高了成长的速度；随后性腺被激活，然后由于性激素中和了脑垂体的影

响，成长的速度就随之很快减慢。这些因素很重要，因为成长的加 92
速发生在突然的性成熟之前。性成熟一般被认为代表着青春期的开始，所以这时成长的最快时期已经过去了，每年的成长幅度已经快速下滑。

沙特沃思（149）对女孩每年的成长幅度做了分析，结果显示最快的成长期在初次月经前6个月，这种快速成长在初次月经后1.5到2年停止。他尚未发表的关于男孩的数据图也显示了相似的曲线。女孩（9）青春期开始的平均年龄是13岁，男孩（31）是14岁，两个群体的身高分别在16岁和17岁接近成年水平。其他身体结构的数据测量，例如体重、髂骨直径、胸宽和胸厚显示了同样的结果：它们在青春期后1.5到2年达到顶峰值。伴随身体成长的还有第二性征的出现，毛发如成人一样分布，女性胸部发育，男性声音变低沉，生殖器官增大(6；91)。

但是不断增长的性腺活动带来最重要和最引人注目的效果是性冲动的增强。尽管还未对人类公开的性行为进行精确的科学研究，我们仍然可以很容易从历史事例、个人观察和大量的问卷调查研究中做出论断：在青春期，性渴望会提升，这种渴望可以通过刺激生殖器而得到缓解（184）。哈维（59）总结了其他十位采用问卷调查
方法的研究者的研究结果，发现有1%至30%的男性及4%的女性， 93
在15岁前有异性恋爱的经验。阿基利斯（2）报告说，通过对一群男性的访谈发现，60%的男性说他们在15岁时有了明确的性渴望。

此外，近期的研究显示，在青春期，性激素水平有很大的提升。[①] 对于这种特殊的激素扮演了什么角色，目前还只能推测，当然，性腺是性驱力很重要的来源，这几乎是没有疑问的。在过去的

---

① 来自耶鲁大学青少年研究中心未公开的数据。

几年中，人造雄性激素被注射到阉割的动物和人体内，产生了典型的性行为和性感觉（110；153）。如果像这些研究可能揭示的那样，性激素是性刺激的基本要素，那么对于青春期的有机体来说，激素的增长就会导致行为的改变。对一些处于青春期和已经度过青春期的男孩的心理测验结果显示，激素产生的数量对这些男孩的兴趣、态度和刺激敏感性有显著影响，这种影响要比生理年龄或身体状况的影响还要大（154）。其他的研究（157）已经发现，在两组同龄的女孩中，一组已经过了月经初潮，另一组还没有来月经，性成熟的一组更接近成年人的兴趣标准。这个证据告诉我们，在青春期，性激素分泌的提升会加强性刺激并改变个体的反应趋势。

能力的改变

94 17岁的年轻人不仅在身体和性方面变得成熟，还获得了大多数成年人的能力。布鲁克斯认为：

> 专门实验和广泛观察都指出，进入男人时代和女人时代一般都包括运动能力的发展，这种个体发展不仅是变得更加强壮，同时也变得更有耐力。（23，p.55）

对特殊能力的研究已经揭示，单纯的反应时间在“十几岁”时是最短的（12），15岁至19岁期间肌肉协调性达到顶峰（102），复杂自发反应的功能提升会持续到18岁，然后开始降低（102）。此外，在一个人可以完成的智力测验的范围内，一般个体在15岁达到智力的顶峰。（166；170）。换句话说，按照任何已被承认的标准，一般人在15岁时已具有成年人的能力，缺乏的只是经验和训练。此外，个体完全具备了适应环境的能力，可以主动参与到成年人的社会中。一个人不需要依靠心理测验的结果就能得出这个结论。我们只要回顾一下很多年轻人取得的成就就能发现，这些年轻人通过偶然机会或个人自主创新已经在竞争的成人社会取得了立足之地（112）。在一个相对短的时间内，个体从一个他几乎完全依靠别人才能显示自己存在的阶段，进入了一个他可以完全实现自我的阶段。他渴望使用他的新能力，渴望自己的成人身份得到承认，因为他认为自己已经符合成人要求，而这是另一种力量的源泉。

青春期挫折的来源

在理想的环境下，人们可以不必非得通过一个可衡量的挫折才能学会新的行为模式。在特定的初始环境中，成人身份一旦获得就 95
会马上被意识到。一个人在经过青春期后，必须经过检验才能判断他是否已经可以进入成人社会，而且如果他圆满地达到了要求，他就会被更高的阶层接纳为其中一员（116）。然而，在美国社会，这些新获得的能力并不能马上发挥作用。尽管个体在心理上已经是一个成年人，但在社会眼中他仍是一个孩子。这个阶段是“年轻人在做出具备独有的成人身份的决定过程中，在获得个人独立资格之前，脱离家庭控制并转向依赖同龄人”的那些过程之一（132, p. 82）。人们期望他直面成人的限制和道德，但是他只能享受很少的、在成人后应该获得的好处和特权。他的活动范围被划定，他证明自己的努力被压制，他的财产很有限，他的经济独立是不被容忍的，他的成人地位也不被承认，许多儿童时代的限制还被强制保留着。这些限制现在将受到检验。没有人关心它们的好处或坏处，也不会有人尝试去判断它们的来源。

美国文化中，最强烈的禁忌之一就是性行为。在 43 个州里，年轻男子如果没有父母允许是不能结婚的（167），然而，“一个被法律支持以及被宗教和大众惩罚的严重禁忌，是婚前性行为”（92，p. 112）。这些限制是如此强大，以至于性的话题通常都不会公开谈论。在一项近期的研究中（11），经过访谈了解，只有33%的年轻男性和45%的年轻女性从父母那里得到过性的信息。达文波特（32）报告了一家师范院校中的160个年轻女性自发提出的880个
96 问题，“人们假设，青年人与老年人对性的兴趣可以通过社会允许的途径来表达，而这些女性表现出的对原始的和反社会的性的兴趣，是整个社会允许途径范围的近200%。”在米德尔敦的一位母亲的言论可以代表对性这件事的厌恶程度：

> “我相信这类事情应该教给孩子们。我和他们说的不太多。我从来不和我的女儿谈这个，尽管我觉得她懂的比我认为的要多。她是我唯一的孩子，**我无法忍受去想象她和性有联系**。我猜，直到她结婚我都不会和她谈这个。**我就是做不到。**”（92，p. 145；楷体强调为作者所加）

这番言论显示了性主题给一些人带来的恐惧。教师们相信，孩子们表现出五种行为特质是“极端严重的问题”，其中三种是和性有关的：恋爱行为、手淫、淫秽笔记与秽语（181）。

哈维（59）总结了十位研究者的调查发现，在经过询问的人群中，只有6%至59%的男人和7%至35%的女人在婚前有性体验，这一事实显示了对性刺激目标反应的干预效果。我们也可以预期，很多成功回避了干预的个人，有很多由于打破禁忌的恐惧和罪恶感，发现自己不能完全自由地表达冲动。

在青春期后，挫折的第二重要的来源是作为成人的地位不被接受。个体被允许展示自己独立的时间往往要比他获得成人能力的时间延后6年或7年，这取决于他进入青春期的时间。在这个阶段，

在表现出适合他新能力的目标反应的时候，年轻人每次受到强烈刺 97
激都会表现出某种信号，但是经常会发现这些反应被成人的限制干预了。大部分被施加于这些反应的限制，都可以在我们社会的经济结构中找到源头。年轻人缺乏寻找高薪工作的机会，因此经济无法独立，这延长了儿童时代的社会地位。美国国家青年委员会的观察（11）显示，只有三分之一的 17 岁到 18 岁的离开学校的年轻人找到了全职工作，一半以上对自己的薪水不满意。因此，“很明显，工作谋生的权利在年轻人和成年人之间没有平等分配。不管工作的机会是什么，年轻人都没有得到合理的分配”（127，pp. 23 - 24）。形势是如此尖锐，以至于在马里兰（11），48％的年轻男性和 40％的年轻女性即使已经结婚了，仍然和父母生活在一起。也许正如林德夫妇在米德尔敦发现的那样，在我们整个社会中，“孩子的依赖给他的父母带来了权力和责任，加强了‘纪律’和‘服从’，这种传统观点依旧流行”（92，p. 142）。

很可能父母的这种角色是由于没有看到他们羽翼下的那个孩子已经长大了。因此，即使在青春期后父母意识到孩子已经有了成人的能力，他们也还必须养成新的习惯来对待孩子：他是一个成年人而不再是个孩子了。此外，很多限制只是为了让父母自我满足：他们想让孩子一直依赖自己；他们想让孩子遵循集体认可的方式，因为担心在他们同辈人的眼中，孩子不会被社会所接受（182）；很多
父母希望通过纪律和训练，孩子能够获得比自己高的社会地位和经 98
济水平，这样他们可以通过孩子的成功来肯定自己。

把青春期的年轻人当成孩子的尝试会延续到州和联邦的法令中，这些法令规定了合法年龄要求，低于合法年龄的人不被允许参加特定活动（125，pp. 105 - 106）。只有 21 岁以上的人有投票权。

16 岁以下的人不能被雇佣从事工业工作。大多数州要求个人至少在 16 岁以后才可以获得驾驶执照，18 岁以后才能成为雇佣司机。直到 16 岁前都必须上学。在特定年龄之前，不可以购买香烟和啤酒。然而，本章第一部分已经指出，实际年龄并不能一直被当作“合适”的标准。

青春期挫折的证据

由成人社会强加给成长中的年轻人的诸多限制的一般特点已经被表述过了。事实上，这类限制生效不一定就会导致挫折情境形成。一些限制必须作为干预的代表而生效，就像一些阻止个体达成自己特殊目标反应的东西。如果青春期是一个由对性刺激活动的干预和获得成人身份所导致的、具有更高挫折的阶段，那么这种刺激存在的证据就会通过青春期个体表达出来的需要和希望而被发现。根据下面这些来源，很明显这种刺激是起作用的。

根据对马里兰的观察（11），访谈过的年轻人中有四分之三意识到，所有年轻人都面临着一个基本问题。其中有 57%的人认为这
99 个问题是缺乏经济安全感，其次有 11%的人认为这个基本问题涉及道德。一位年轻人的谈话戏剧性地体现了对缺乏独立的不耐烦心理：

> “年轻人已经不得不为了自己思考很多，所以如果年长的人努力去认可和尊重年轻人的意见和想法，而不是不断地提醒他们‘太年轻’、不知道自己在说什么，或者说他们由于太年轻而无法承担真正的责任，通过这种方法夺走他们的自信、打击他们的雄心，年轻人就会比现在好很多。”（11，p. 253）

这种言论证实了林德夫妇（92，p. 144）早期的发现，他报告

了 369 个高中男生和 415 个高中女生对父亲应该具有的特质的意见，占第一位的是“陪伴孩子”，占第二位的是“尊重孩子的意见”。

根据与一些青春期少年的讨论结果，杰萨维特（70）认为有两种不满存在：首先，“那些可以意识到的不满主要针对限制、过度保护和父母不愿意相信年轻人可以承担责任”；其次，“对年轻人本身无法明确的微妙压力的不那么明显，但是更突出的抵触”。博德和比奇（16）对 13 岁到 17 岁之间的 36 个女孩和 38 个男孩进行了问卷调查，结果也发现对父母最多的要求是信任和与之建立伙伴关系，以及更多的社会自由。沙特沃思（150）报告了西蒙兹未公开的数据，指出男性在 14 岁、女性在 12 岁时，围绕金钱和爱、追求异性和婚姻，出现问题的趋势会飙升。在另一项对青春期少年的生活问题和兴趣的研究中，西蒙兹（165）报告说，最重要的 6 个问 *100*
题涉及金钱、健康、个人吸引力、学习习惯、个人和道德习惯以及人生观。

以上这些都涉及年轻人表现出的欲望。这类发现显示了他们对审查制度以及成年人强加给他们的琐碎限制的反抗，显示了他们渴望作为成年人被接受，显示了他们意识到他们在很多方面还被当成孩子。这意味着在美国社会，在性刺激行为的直接表达会从出生那天开始就受到惩罚的地方，在个人对家庭的经济依赖被极大延长的地方，更强刺激的目标反应就被禁止与青春期少年新获得的能力联系到一起，因此必须形成替代反应。因此，对成长个体的刺激带来的改变，以及产生这种成长的特殊社会所施加的限制，联手导致了青春期的挫折。

青春期的攻击

想必一般人都会同意，在这种文化里，后青春期的少年会有一些特殊的行为模式（23；62）。除了恋爱，青春期少年对限制、行为不自主、群体生活、鲁莽、易怒、白日梦以及在一些个体上出现的更严重的行为，比如离家出走和少年犯罪等，都缺乏足够的耐心，很多观察者已对此发表过评论。试图解释所有在成长的人们身上发生的反应，是一个不可完成的、愚蠢的任务。前文已经打好基础，据此可以尝试去分析作为青春期少年必须忍受的挫折结果而表
101 现出来的基本行为类型。即使在最理想的情况下，这种分析也不是绝对可靠的。个体只能使用大众术语来表达，因为有多少个体，就有多少差异。个体是否受到挫折以及挫折的程度有多大，取决于很多因素：刺激的强度、对目标反应的干预程度、形成替代反应的机会、替代反应降低初始刺激的效果等等。这里有很多因素是由之前的行为模式受到父母和社会的对待方式决定的。如果不了解个体的生活史，就不可能对青春期新的刺激导致的行为进行完整的解释。

在性激素大量增长之后不久，普遍的目标引导行为被认为会首先出现。这些行为被干预，随后产生针对干预代理者的公开攻击行为，通常这一代理者处于后青春期少年的领导位置。这种性腺刺激导致的普遍行为与引起挫折的刺激相结合，导致了攻击，再通过试错过程带来了替代反应。后青春期的少年以及其他人通过学习特殊技能而获得了社会提供给他们的一些替代反应的途径。这些替代反应一旦产生并降低了原始刺激的强度，就会有固定的趋势，并会在后来的场合中得到应用，结果就是一个挫折情境发生的可能性降低了。伴随着令人满意的、对新刺激的替代目标反应的形成，社会的
102 干预逐渐降低，而挫折水平在最初的飙升之后开始逐渐下降。这种下降将会随着替代反应的出现而加速，这种替代反应更接近目标反应的特点，并将会减少其他替代反应的变化和数量。

上面的理论判断有事实支撑吗？这是青春期行为特有的攻击性吗？这种攻击性在青春期的第一阶段特别突出吗？遗憾的是，很多可利用的证据本质上只是推论，但是有几项研究似乎可以支持这种推论。

攻击在青春期出现时起初是增长的，后来逐渐降低，这一事实最明显的例子是比勒（25）给出的。在一群年龄从 9 岁到 17 岁的女孩中，对家庭表现出“负面情绪”的比例最高的是 13 岁的女孩。在那些与家庭有着不良社会关系的女孩中，百分比曲线从 9 岁到 13 岁呈现有规律的上升，然后以同样的比率下降，一直到 17 岁。阿克森（3）报告说，在伊利诺伊青少年研究所的 4 454 个案例中，人格和行为问题在 14 岁时达到顶峰，17 岁以后就和 5 岁时差不多了。

在其他的研究中，青春期的攻击行为的原始增长还没有显示，因为信息是从 14 岁以上的被试中获得的，这些信息并没有显示在青春期来袭之后，攻击有所降低。布朗纳（22）已经收集了一些案例，其中所有有利于行为固定的因素在青春期前可能都被假定为是有利的。但是在性成熟方面，这些个体表现出易怒性，他们离家出走，还表现出其他反社会的特质。这种行为持续了一段时间之后又恢复了正常。在希利和布朗纳（61）的一项对少年犯的研究中，对 *103*
被试进行了 7 年以上的观察，发现 14 岁以上的男孩表现出行为进步的比例要远大于不到 14 岁的男孩。对这些发现的解释是：“通过年龄增长、赚钱或者获得身份地位，独立性得以发展，不断增长的年龄确实在相当多的案例里占有一席之地，这一点使其他解释也变得可能。”（61，p. 191）

沙伦伯格（154）用了 6 个月的时间，近距离地观察了一群年龄在 13 岁到 16 岁之间的男孩，并按照他们的一般攻击程度进行了分级。只有当行为是一些纪律委员的措施或一些施加到这些男孩身上的限制所致，而且这些行为是可直接观察并可以归入某些名目的时候，它们才被归入攻击行为行列。这些名目包括：各种不服从的程度，情感反应（例如温和的发怒），类似针对纪律委员、房间里的其他人或者无生命物体的物理攻击或者言语咒骂的公开行为。在分级结束后，立刻对尿液里雄性激素含量进行独立化验。发现激素含量和攻击行为的相关系数是－0.94。换句话说，那些雄性激素含量刚开始上升的男孩——按照这里的假设，这意味着性刺激的增长——是群体里最具攻击性的，那些在激素增长过去一段时间之后的男孩，攻击性就逐步降低一些。年龄大小和攻击性之间没有关系。

已经举出的观察青春期行为的例子，可能都被解释为针对碍事
104 的社会限制的直接攻击行为。其实，还有很多类型的行为被描述为，青少年尝试在一部分人中建立一个他们自己的社会，在这里他们可以承担在成人社会中被拒绝的角色。女生联谊会、兄弟会以及高中的社会俱乐部的出现就是证据。国家青年委员会成员贝尔发现，近 40％的在校学生参加了一个或一个以上的俱乐部，“83％的俱乐部成员喜欢更多或者是完全独立于成年人的指导或命令”（11，pp. 170－171）。帮派（171）是社会集群带来好处的另一个例子。作为这类组织的一个成员，青少年可以表现出主动性、领导力和独立进行计划安排。他们给予惩罚，获得群体内部认可，制定规则，执行一个小型社会的很多功能。当然，帮派的一个重要副产品就是，它的成员通过人数克服了一般成人社会需要承受的干预。集体体验同时导致了内部界限的坍塌和不同种类刺激更自由的表达。

一般来说，在一个特定的社会里，人们了解某种特殊行为可能是有攻击性的。尤其是，相比于面对模糊性刺激时的反应，对努力获得成人身份时遇到挫折的反应更容易让人意识到，因为这种反应以一种更容易观察到的行为表现出来。然后，相对于性腺改变伴随的刺激，后青春期个体会更完全地意识到生理的成熟。此外，个体在观察成人身份不得不具有的益处时，已经有了更多经验。由于这个原因，他的目标更明确，指向目标的行为更直接。限制或者是被直接的不服从行为所打破，或者是通过与掌权的人争吵或争辩而得以回避。林德夫妇（92，p. 522）发现，在米德尔敦，高中生和他 105
们的父母最大的分歧集中在以下几点：（1）孩子们想在上学日晚上外出的次数；（2）就寝时间；（3）学校排名；（4）对家庭汽车的使用。

最明显的攻击形式，就是受到社会最严厉的惩罚，因此也就是被最强烈抑制的公开行为。经过多年的训练和纪律要求，个体已经意识到，违背权威会遭到惩罚。因此，攻击行为往往会以一种秘密的形式进行，这种行为无法观察到，只有个体自己承认后才能发现。一个年轻的女性报告说，当她还是一个孩子时，她被训练天天洗澡，每天更换所有内衣和袜子。在青春期她会在浴室打开水龙头，用脚踩水而不放进去。然后她会穿上脏衣服，下楼到卧室去见客人，并像之前接受训练的那样行屈膝礼，但是整个过程她感到自主的快感，因为事实上她已经打破了保持清洁的规矩。

青春期攻击的移置

还有另一种形式的攻击，除非掌握了所有情况，否则就无法辨认，这就是移置的攻击。沙伦伯格（154）观察到的一例少年犯罪证实了这一点。人们发现一个被偷的时钟被小心地藏在一名少年犯的房间地板下面。由于他已经有了一个，所以他并没有必要偷这个时钟。对他来说，这只是单纯为了偷窃。经过询问，事实是，他藏
106 起了这个时钟并用偷窃这种行为赢得了同伴的赞许。这个时钟也没有任何实际的用处。最后判定，这个时钟是在几个星期前从一个商店偷走的，在这之前，这个孩子已经由于犯了一个小罪行而被剥夺了一些权利。他觉得对他的惩罚是不公平的，并声称："他们不让我去游泳，所以我偷了这个时钟。"很明显，当这个男孩不敢跨越最初加在身上的限制的时候，他以违反另一项法律形式的犯罪表达了自己的报复（攻击）。但是需要注意的是，最后违反的法律不是进行了原始干预的成年人施加给这个男孩的。

在那些信奉"因果"的人中，移置的攻击也得以揭示。利尔（83）报告说，生理成熟的男孩具有的独特特质——对限制的不满，同情弱者，渴望改变他人——在未成熟的男孩身上并不明显。杜布（35，pp. 258－259）引导一些人对三个突出的激进分子传记和自传进行了分析，结论是："……当他们都处于青春期的时候，有一件事对他们每个人都造成了深远的影响。"他们对指定权威的反叛、对软弱和压迫的认定以及针对社会保守成分的毁灭性行为都可以被解释为移置的攻击。但是他们的行为很少针对挫折施予代理者（父母、学校领导，或者拒绝给他们提供工作的人），而是直接指向某些其他形式的权威。

有很多年轻人既因为没有给自己提供机会，也因为意识到对方是如此强大以至于无法反抗，最后无法获得认同和自我满足，并在这种冲突中受到了挫折。在这些案例中，攻击会以更严重的形
107 式——比如以所谓的精神错乱人格——表现出来。攻击可能是公开

的，并采取暴力的形式，或者是试图离家出走以便从无法忍受的环境中逃脱；攻击也可能是非公开的，从而导致精神疾病和行为失调。另一些人可能会通过突出的、非公开的体验，比如沉迷于冒险故事和电影、白日梦、爱情歌曲和色情杂志等，来减轻未能成功表达的公开攻击反应。这种类型的行为有时会变得如此让人愉悦，以至于沉溺其中的人们不是学会更多的奖励反应，而是继续生活在自己的世界里（26）。然而，在大部分案例中，虽然表现出一些公开的攻击，人们还是学会了一些适合的替代反应，从而满意地减低了原始刺激，还有些可能干扰反应的因素干脆消失了。越来越多的成年人开始意识到年轻人的需要，并且，在这种需要以社会可以接受的方式表达出来的时候提供便利。林德夫妇对米德尔敦的情况有如下评价：

> 高中有运动会、俱乐部、女生联谊会、兄弟会、舞会和晚会以及其他“额外的课程活动”，本身就是一个相当完整的社会体系，同时也是媒介产生中心、社会生活的城中之城。在这里，他们长辈的社会筛选装置——金钱、服装、个人吸引力、男性的拼劲、专有俱乐部、领导职位的选举——都是第一次发挥作用。（92，p. 211）

青春期行为的文化性质

想要对已经观察到的、后青春期的所有典型行为进行分类和解释是不可能的。这里提供一个只在美国社会强调的观点：成熟的过程，包括抑制来自几种刺激来源的行为及其方向，青春期主要的行为征兆是针对挫折来源的攻击，以及那些目标反应受到干预的替代反应。如果青春期行为是一种生物-社会现象，并且它的形式在某 108

种程度上只是生理成熟的一个社会产物，那么这些形式就不能被认为是不可避免的，而应该被看作和特定的神经症行为是一样的。对生物冲动的社会化进程进行调整可能都是错误的。如果青春期表现出的行为模式是文化的结果，那么在其他情况相等的条件下，社会应该会允许成长中的性刺激相对自由地得到表达，典型的青春期模式就不会表现出来了。那些对青春期行为感兴趣的人类学家已经报告，当具备这些“理想的”条件时，青春期就明显只有很少的冲突了。米德（99）对原始社会的青春期行为进行了最广泛的研究，他报告说在萨摩亚，性冲动的自由表达是不受禁止的，这里的青春期冲突显著减少。马林诺夫斯基（94）沿着同一方向发现了一些间接证据，在其相邻部落流行的严格禁忌性行为的风俗，并没有在特罗布里恩群岛的居民中出现。根据汉迪（57）的观察，在玛贵斯岛上的部落，“Ka’ioi”这个词意味着“欢乐时光”，指的是青春期结束后马上到来的那个阶段。在这阶段，个体对满足性欲望有绝对的自由。而相邻的部落由于限制性行为，词汇表上就没有这个词。威廉姆斯（183）注意到，已经被解除性限制，并且已经承担与其能力相对应的责任的苏联年轻人，他们的行为不能再归入以社会行为理论术语命名的青春期行列了。

109 青春期行为不是不可避免的现象，它取决于人格在它自己特殊环境中的动态互动，这一假说可以通过这一事实——所谓的“典型青春期特质”并没有在很多年轻的成年人身上观察到——得到更深入的证明。值得注意的是，后青春期的群体适应了我们文化的限制而并没有通常伴随的攻击行为。然而，直到我们对那些使这些特殊的年轻人可以充分地面对进入成人时代所伴随的挫折的事情有了更好的理解之前，这幅画面都不会完全清晰。

第六章 犯罪

以犯罪为主题的文学作品揭示了很多种因素，这些因素已经被证明与犯罪现象有统计上的相关。然而，关于犯罪的起因，还没有被普遍接受的概念系统。原子论的解释强调病原学的重要性，有时是某个孤立因素，有时又是另一个因素被不断地重复提出，但是这些因素迟早都会失效。很多杰出的实证研究已经得到报告，并发现了大量确切的事实，但是这些事实的含义很多还有待判定。犯罪学作为一门科学，似乎仍然处于所有科学都经历过的境地：收集数据，以或多或少是随机的方式对它们进行排列，没有任何良好确定的、数据可以得到储存和系统处理的自然分类。在这种分类确立之前，几乎不可能制定出科学的原理和规则。目前的观点——“原因是多样的（并且）产生于总体环境中”（160，p. vii）——将会继续代表犯罪起因的终极理论。因此，目前这个领域最急需的，就是几项常规的共同特性的发现，从而能够将尽可能多的孤立因素整合到一起。作为沿着这一方向的一种探索，这一类型的两个共同特性在这里被提出：第一个就是挫折，像本书之前定义的那样；第二个被命名为惩罚预期。[1]

111 本章会尝试判定，这两个概念会在何种程度上实际满足它们倾向的目的。更特殊的是，这一计划将会检验那些可以测量的、一般来说在罪犯身上明显偏离大众的特点，并判断这些偏离在何种程度上意味着是高于平均的挫折还是低于平均的惩罚预期。潜在的假设是犯罪作为攻击的一个种类[2]，将会与挫折呈正相关，与惩罚预期呈负相关。

这个办法必然是代表性和统计性的，充斥着很多危险，最大的困难是缺乏可用的数据。[3] 很多必须依靠的资料来源已经过时，尤其让人不满的是缺乏可靠的索引。不同研究者报告的数据已经按照广泛的分散标准进行了选择，因此互相比较和改善相关的处理办法常常是不现实的。很多有价值的、关于犯罪的发现，由于缺乏对无犯罪人群进行的对比观察，因而对现在的研究毫无用处，从而被放
112 弃了。特定的选择因素经验也是可以操作的，比如犯罪统计大部分来自罪犯的事例（在押或者假释中），因此并不能用来对罪犯进行一般描述，包括那些逃避了拘捕或者受到审判但是没有被宣判有罪的人。由于这些以及其他计算上的限制，下面的分析不能在任何意

[1] “惩罚”这一术语在这里不仅包括外部施加的伤害，还包括失去习惯的满足感、宝贵的人际关系和特殊的权力等等。我们还要记住，惩罚只是一种攻击形式而不是犯罪。犯罪是“反社会”的，而惩罚可以说是“亲社会”的（例如，惩罚是适合并且服务于群体道德的强化和恒存的），但这并没有改变两者的攻击本质。犯罪和惩罚都会伤害别人，因此按照这项研究中采用的定义，它们都属于攻击的形式。这种攻击的倾向需要与对立面一起界定，例如社会允许的和社会不允许的，这一路线中包含有很多社会理论的含义，这些社会理论需要额外进行仔细认定。

[2] 在后面的内容中，我们会尝试去展示，之所以将犯罪行为界定为攻击，有一方面是因为它是对挫折的反应。众所周知，给定类型的行为是被禁止并因此被称为是犯罪的，这几乎是不证自明的证据，在禁止这种行为的群体中，这种行为会直接或间接对某个或更多的成员造成伤害。对“偶然地”造成伤害的行为和“故意地”（犯罪地）造成伤害的行为做出区别的问题，已经有人处理过，这里不再重述了。

[3] 犯罪文学的参考资料是不可能完整的。选择引用的作品将主要是综合的观察和总结，或者具有如下特点：可以作为其他同一主题代表性研究的典型。

义上被看作是定义性的，而只能说使用一种约定俗成的办法，尝试性地去探索一种假说的可能性，并提出一些研究的意义。

(a) 经济地位。对穷困和犯罪之间的关系，邦格（17，p. 440）报告了最综合的观察，他对从不同国家收集的数据进行分析，得出结论："穷人占了犯罪的大部分比例，在每个案例中，他们都要占到远超过他们人口比例的部分，小康家庭的只占了犯罪的很少一部分。"例如，邦格发现，在意大利国内，1887 年至 1889 年，被归入贫穷或贫困的 60%的人口贡献了 88%的犯罪。其他研究者①也研究过这个问题，结论基本都和邦格的相同。近期，肖和麦凯（146）发现，在芝加哥，每平方英里的少年犯罪率和美国慈善机构以及犹太慈善机构对家庭的经济救援率之间的相关是 0.74，青少年法庭上少年犯罪案例和成瘾案例之间的相关是 0.82，少年犯罪案例和母亲退休金案例之间的相关是 0.63。

有时人们会争论，贫穷与犯罪相关并不是由于任何直接的因果关系，而是因为二者都是愚昧、懒惰或一些相似特征的共同结果。但是观察结果并不支持这种论点，根据不同作者的报告（18；50； 113
143），犯罪率在经济繁荣时期趋于降低，在经济萧条期趋于上升。因此，我们很难坚持认为愚昧或懒惰也同样跟随经济周期而变化。

个体富有时表现出的目标反应与穷困时是不同的，这一事实指出，贫穷或多或少是挫折的来源。② 以这项研究在别的地方阐述的假设为基础，如果其他因素保持恒定，贫穷就会被预期将导致犯罪

---

① 吉林（49）对此进行了评论。

② 在现代城市社会中，经历的挫折总量在评分上可能被广告和电影，也许在某种程度上还有学校，大大地提升了。任何机构，在描述以不同于大众习惯的或者经济上足以支撑的方式行事的他人时，也都给人一种印象：任何不按照这种不同的方式去行事的人都是在"错过某些东西"，这种影响几乎从来不会失效。经历过贫穷，明显对一个人是很重要的，同时也是绝对意义上的成就以及财富。

的增多。实际上，这可能也是事实。

但是，低经济地位不仅由于会导致高于平均的挫折从而会提高犯罪预期，它还会降低抑制措施对预期惩罚的影响。谁也无法从一无所有的人身上获得罚款；入狱的威胁对那些习惯于在监狱内外都被剥夺得干干净净的个体来说，也没有什么阻止效果。人类并不害怕失去他们未曾拥有过的特权和物质上的便利。

(b) 职业地位。根据邦格（17）的报告，无技能的男性工人在所有犯罪（尤其是“侮辱”）中牵涉的比例，在普通人中要远远高于独立商人、专业人士和“学生以及有收入的人”。[1] 费纳尔德、哈耶斯和道利（40）发现，在纽约州刑事机构 517 名女性罪犯中，
114 40.4%的人曾从事于家庭服务，而普通女性居民的数字是 24%。与此同时，这三位作者发现只有 0.8%的被试曾从事专业工作，相应地，8%的普通女性居民从事这类工作。萨瑟兰（163，p.160）回顾了更多近期的有关事件，得出结论：“这种对比显示了，在监狱里，无技能和只具有半熟练技能的罪犯占了很大比例，但是这一统计相对是不可靠的，很难进行对比。此外，可能由于无力抗拒逮捕和判罚，所以无技能和只具有半熟练技能的人更容易被逮捕、犯罪和入狱。”

有些特定的职业更艰苦、更令人烦心或者更危险，这是很明显的。这意味着如果其他条件不变，被强迫从事这些内心里不太喜欢的工作的人，会体验到高于平均水平的挫折，并因此表现出更高的犯罪倾向。然而，由于各种职业的报酬差别也很大，而且也没有明显的尝试来判定职业和经济地位都能独立控制的群体犯罪率，要对之前的推论进行证实，只能等待更深入的研究了。

---

① 也可参见希尔德（147）、沙伦伯格（159），以及吉林（49；50）。

(c) 教育层次。犯罪和学历之间存在负相关，这种说法一直受到质疑，但也一直受到一些研究结果的支持。邦格 (17) 报告了1898 年至 1899 年英国监狱的 1 209 例少年犯罪，发现只有 9.1%受过“良好教育”，但是他没有与这一发现进行比较的详细的人口数量。美国政府出版的 1923 年美国监狱人口统计数字揭示了下面的 115
事实：

> 数字……显示，一般来说，相对于全部居民，囚犯中低学历的比例明显更高。例如，在犯人中，每 10 万成年人中有 42.7%是没有文化的，而在那些有读写能力的居民中，这个数字是 27.3%。在有文化的群体中，犯罪率在那些只接受过基本教育的人群中达到最高 (31.4%)，在接受过一些大学教育的人群中最低 (14.3%)。没有文化的人群犯罪率是受过大学教育人群的近三倍。(174，p. 19)

布里尔利报告说：“有 43 个州的杀人犯的数据是可利用的，1912 年 1 月 1 日，总体杀人比率……和没有文化人群的所占比率的相关系数是 0.658，可能的误差为 0.06。”(20，p. 147) 萨瑟兰回顾了更多近期的发现，宣布“结论是，犯罪随着接受的正规教育增多而下降”(163，p. 177)。[①]

教育程度测量不仅包括或意味着技能意义上的训练——这种训练会降低挫折（通过提升赚钱能力），还包括会增强惩罚预期的道德训练。因此，很明显，平常人们认定的犯罪和教育程度之间的逆向关系，可能有两个不同的原因。但是要断言是哪个原因导致了观察到的结果，还需要更深入的研究。

① 也可参见 S. 格鲁克和 E. T. 格鲁克 (52)、皮尔彻 (124)，以及希尔德 (147)。

显然，低学历本身并不会导致挫折。孩子们顽强地抵制教育过
116 程已经说明了这一点。只有在成人层面，教育的缺乏导致低收入、低地位或者是导致其他干预了目标反应完成的情况时，才构成挫折的来源。教育一旦获得就会降低挫折，这一事实与这项研究在其他地方强调的“教育的获得总是或多或少会带来挫折”这种说法并不矛盾。

(d) 智力。如默奇森（115，p. 28）指出的，自然的倾向总是认为邪恶和愚蠢是会传染的：“作者不知道，哪个历史上的宗教有智慧和聪明的魔鬼。只有好人才是聪明和智慧的。恶魔和他的追随者总是笨蛋和白痴。”① 在早些时候，许多作者认为智力低下是犯罪唯一的解释，目前的舆论意见则认为，低智力对犯罪的影响远远没有之前认为的那么大。根据对 350 份罪犯智力报告的分析，包括对将近 175 000 个人的调查得到的数据，萨瑟兰（163，p. 96）认为：“一般来说，智力低下和犯罪的关系相对较浅。当然，它比年龄或性别因素重要得多。但这不意味着在个人案例中它不是一个重要因素。”②

根据目前分析做出的假设，愚昧与犯罪并没有多么高的相关，至多就是和目前发现结果所指出的一样，这一点可能让人觉得很惊
117 奇。低智力不仅可能会增加个体经历的挫折数量，它还会由于暗示一种对特殊行为更低的理解能力，以及对即将到来的惩罚更迟钝的预期，从而消除社会化力量的影响。正常智力的人既被实际出现的需要所刺激，也可能在一个更广的范围内被预期的需要所刺激，那些没有前瞻性的人可能会有较低水平的期望并达到一个可以接受的

① “通过与同年龄的正常人和罪犯进行对比，卡拉拉发现智齿在正常人身上出现得更多。根据卡拉拉的数字，罪犯中没有最后一个臼齿的比率是正常个体的近四倍。”（37，p. 65；楷体强调为原文所有）。

② 多尔（33）和埃里克森（38）已经对“智力和犯罪之间是否存在某种关系，而且这种关系比萨瑟兰认为的更加密切”进行了争论。

生活层次，但这一层次是更智慧的人无法接受的。智力的局限也限制了个人的学习和赚钱能力，但是也可能使随后的低成就所带来的挫折不那么强烈。

(e) 年龄。犯罪一直被认为是年轻人的行为，这一事实已经不断地重新引起注意（56；124）。统计数据显示，不法行为和更严重的犯罪在男性青少年时期有相当稳固的增长，在25岁左右达到高峰，之后会加速下降。在20岁至24岁之间，犯罪比例超过50岁人群近5倍，严重犯罪在早期的比例则是15倍（163）。费纳尔德、赫尔姆斯和道利（40）在引用过的对犯罪妇女的研究中发现，如果把被试在17岁至74岁的年龄段按照每隔4岁分为一组，数目最多的罪犯处于18岁至22岁之间。[①]

犯罪在20多岁达到高峰，然后开始下降，人们已经以多种方式解释过这一事实，但没有一个解释是让人完全满意的。例如，有人假设，人类变老之后就会停止犯罪，同理，由于生理精力和情感动力的下滑，他们也开始停止参加剧烈的比赛，不再鲁莽地开车。这里提出的假设是：犯罪模式的改变与年龄有关，这种情况反映出一个对应的模式，即普通个体在生命周期中所经历挫折的一般水平是不同的。进入成人时代后，年轻人越来越多地被迫依靠自己的资源。由于已经习惯了享受早期庇护的存在，年轻的男人或女人在自给自足和完全独立的道路上，迟早要经历一个或多或少的大范围再调整。普通人到了25岁或者30岁的时候，一般会结婚，获得某种程度的经济稳定，使自己在圈子里成为重要的人。从这时起，需要和满足需要的手段之间的矛盾就开始减少了，他已经过上了中等的 118

① 希尔德（147）提醒人们注意以下事实：尽管犯罪行为的发生在经过15岁至24岁的青春期高峰后有所下降，但是，还有一些类型的犯罪，尤其是性犯罪和谋杀（与抢劫财物相比）会随着年龄增长，一直持续到45岁。对于这种说法目前显然还没有定论。

生活并在这方面达到了相对稳定的均衡。此外，由于他的财产和获得幸福的方法也增多了，他会变得更加保守，因为如果做错了事情，社会报复会让他承受更多的损失。因此，随着年龄增长，不仅个人的一般挫折水平变得更低，而且对惩罚威胁的响应性也提高了，这两点阻止了犯罪。

在理论层面上，犯罪和女人过往生活史的关系应该与男人有所不同。女人通常与比自己大几岁的男人结婚，这一事实意味着她们
119 要比男人更快获得经济稳定和令人激动的幸福。因此，人们会预期，在女性中犯罪发生的年龄会比男性更小，根据统计显示，这种说法是正确的。在社会中，女人的地位很大部分取决于她的生理吸引力，人们也可能会因此认为女性的犯罪倾向会在生命晚些时候达到最高。以现有数据为基础，这种推断的合理性显然不能得到承认。但是在芬兰，监狱中的女性罪犯比例最高的，是处于 35 岁至 45 岁之间而不是 20 多岁，在美国也是如此（163）。

（f）体形。低于平均的身材经常被男人们看作是缺点，而且对相当多的人来说都会构成某种程度的挫折。尽管对任何个人来说，较差的身材本身并不会被认为可以“产生”犯罪，但还是会表现出统计上的影响。戈林总结了他对英国罪犯体形的重要研究，其成果表述如下：

> 总之，除了那些技巧性的犯罪（比如诈骗），所有英国的罪犯都与普通群众在地位和体重上有明显的区别。此外，暴力攻击别人的罪犯，一般都具有相似水平的力量和体质强度，但是都明显高于其他罪犯和守法集体的平均程度。最后，小偷或窃贼（记住，他们占了全部罪犯比例的 90%）以及纵火犯，同样都有较低的地位和较轻的体重，相对其他罪犯和普通人群，

一般身体也都很弱小。（55，pp. 200－201）

维登谢尔（178）同样报告了在一家美国女性教养院中，犯人的平均身高比15岁上班女孩的平均身高要矮。① 120

在一些案例中，罪犯的身材劣势可以归于种族、能反映较低经济地位的营养不良，或者一些其他各自与犯罪相关的因素。某种程度上这是真的：罪犯没有犯罪是因为他们身材不足，但是他们也可能由于同样的一个或多个原因，尽管身材不足却依然进行了犯罪。然而，如果我们预测在这种模糊性可以得到充分控制的、更深层的研究中，可以揭示出在身材和犯罪之间至少有细微的联系，就像我们之前假设的那样，这种预测应该是正确的。

身材劣势导致更多挫折，从而导致犯罪增长的趋势实际上可能在一定程度上通过以下反向趋势得到降低：更矮小的个体相对会更少鲁莽行事，其犯罪行为也更容易被报复预期所阻止。这种假设被已经引用过的戈林的观察所支持，“暴力攻击别人的罪犯一般都具有相似水平的力量和体质强度，但是都明显高于其他罪犯和守法集体的平均程度”。然而，身材因素作为挫折来源，对犯罪的决定来说，可能比身材对个人面对惩罚威胁的反应的影响更重要，因为后者主要是童年训练的产物。在儿童时代，个体即使通常比同龄人更高大，但也总是比周围的成年人要矮小。

一些作者，特别是希利（60）和斯劳森（152），评论了犯罪儿童比同龄同学和玩伴都明显高大或者明显矮小的趋势。一般认为，不论在哪个方面，明显的失常都会给儿童带来挫折，尽管高于平均 121

---

① 意大利的学校停止继续教授“犯罪人类学”，这门课程认为犯罪是直接的，并且或多或少只是由于“天生的退化”，相对地，对罪犯的身材就没有兴趣了。

程度带来的挫折可能会比低于平均程度带来的挫折少一些。

(g) 个人外貌和生理缺陷。“我对犯罪和生理丑陋以及残疾的关系一直很好奇，因为我丝毫不怀疑这种关系的存在。”(120, p. 135)。

有一种流行的假设：罪犯不同于正常人的地方是个人的外貌，这可能有两个明显的原因，一个原因只存在幻想中，另一个则存在于现实中。如亚历山大和斯托布（5）所示，在一个特定的社会里，罪犯的恶行通常倾向于被高估。由于一些这里不能涉及的原因，罪犯们被看作是罪恶的化身。当人们持有这种观点时，罪犯们就会受到比他们实际应受的更严厉的惩罚。他们作为整体变成了群体替罪羊和代罪者，并在某种模糊的意义上被想成是非人类的。龙布罗梭和他的学派提出的犯罪类型隔代遗传的理论，现在回顾起来可以被看作是为这种广泛传播的社会冲动提供科学地位的首要尝试。埃利斯（37）复制了30个“真实的”“典型”罪犯的钢笔素描画，这些画是一所英国监狱的管理者在半个多世纪以前画的。罪犯的现代动态画像似乎显示了在这个时间段，罪犯的外貌在流行的想象里并没有多大改变。

罪犯的外表不仅被倾向于认为比他们实际的更令人厌恶、更加畸形，同时也确实有一些证据，证明他们在个人外貌上有些偏离一般人。以埃利斯（37）检验的证据为基础，似乎隔代遗传犯罪类型
122 的理论在某个时候达到了流行的顶峰，这一理论认为，有超大比例的罪犯有更低的下颌，可能是后退或突出到过分的程度。其他奇特之处，例如过大或畸形的耳朵，也被作为不寻常的共性而得到报告。这些发现不完全是那个时代偏见的产物，近期的研究者也指出了这一点，例如基尔默（76）报告了他检查过的一个罪犯集体，

44%有“扁平的耳朵”，而对应的非犯罪的控制组是23%。[①] 但是没有必要再用龙布罗梭的罪犯退化理论来解释个人外貌和犯罪之间明显的联系。像不同作者（120；163）指出的那样，一个个体是能够通过合法的、社会能接受的方式满足自己的渴望和需要，还是只能求助于非法手段，个人外貌是一个重要因素，尤其在女性群体中。人们很容易想象，凶恶长相的个体在尝试追寻很多生命中被社会看重的道路时，很可能遇到拒绝和遭到失败，也很好理解，为什么这类个体容易被吸收到“下层社会”中。

很明显，个体挫折数量的增加，不仅是由于不幸的面部构造和表情，也有身体的无能和缺陷的原因。因此，受尽折磨的个体表现出夸张的犯罪倾向也就不稀奇了。萨瑟兰（163，p. 84）引用1905年的马萨诸塞人口普查说：“这个州每10 000人中有39人是畸形者或残疾者，而在罪犯当中，这个数字是150人；普通人中失聪者的数量是19，而在罪犯当中是31。”同样的人口普查显示，盲人在罪犯中的比例并没有比在正常人中高出很多；但是失明是非常普遍的 123
残疾，它会极大地降低个体成功躲避不安因素的机会，以至于这一事实——人们本应该更经常地阻止盲人的犯罪行为，实际上却没有——非常引人注目。

（h）健康。由于健康因素通常会阻止被折磨的人去执行很多对他很重要的目标反应，毫无疑问，它是很多个体生活中一种严重挫折的来源。因此，这类个体被预期在罪犯群体中的比例要比在非罪犯群体中高很多。尽管戈林（55）、希利（60）、萨伦格（160）和其他不同作者已经尽力把不健康作为犯罪的一个因素，但是要对这种关系做出任何确切的结论，所必需的数据显然还没有被收集。为

① 布里奇斯（21）同样评论了斜视以及其他特定的生理缺陷和犯罪的关系。

了获得数据，我们不得不在不健康本身的影响和类似低经济地位这类因素（导致营养不良、遗弃婴儿和医疗不足）的影响之间进行小心的区分，以分辨出哪种影响会与它有关。

（i）过度活跃。很多作者已经注意到，少年犯和罪犯可能异乎寻常地焦躁和过度活跃。目前已经发现，得过脑炎的个体尤其经常表现出这种情形，似乎这是他们在罪犯中占很大比例的原因。然而，与过度活跃是一个导致不正当行为的因素这一假设相反，萨瑟兰（163，p. 99）认为：“［脑炎后］中枢神经系统的损害所导致的自卑，降低了儿童的地位，如果儿童没有以前做得好，父母和老师的批评经常会让儿童感到绝望。”[1] 希利和布朗纳已经采取了这一观
124 点：过度活跃在从未得过脑炎的少年犯中也经常被观察到，它更可能是失调的结果而不是原因。他们说：

> 一个很值得讨论的问题是：我们刚才列举的这种未受抑制的行为，是由中枢神经系统的结构性或者功能性特点所致，还是由不了解的其他器官失灵所致，或者是作为环境体验的结果，即生命早期产生的情感张力的表现？……很明显，这个问题无法回答，但是从一些特殊的观察中，我们不得不做出结论：有证据表明，情感的阻碍和不满——它们本身可以回溯到很早的时候——可能是过度活跃的刺激原因。（61，p. 45）

反复留意犯罪和过度活跃之间关系的首要目的是，指出即使像这样一种模糊的关系，也不能被认为是超出了目前的犯罪概念范围，它是两个基本变量（挫折和惩罚预期）的一个函数。

（j）种族和国籍。现代的犯罪学家没有对“任何特定的种族或

① 参见卡恩和科恩（72）。

国家的个体是否天生就或多或少地更容易犯罪”这个问题进行过严肃的讨论。但是已经积累的很多证据显示，在特定社会中作为决定个体经济和社会地位的一个因素，种族可能会起到很重要的作用。美国印第安男性“在 1923 年被投入监狱的数量，按照人口比例，是美国出生的白人的 3.1 倍，印第安女性是白人女性的 5.4 倍”（163，p.112）。美国黑人男性被逮捕和投入监狱的数量，按照人口比例，也是本土出生的白人男性的大约 3 倍；相比白人女性，黑人女性比例也更高。众所周知，美国的印第安人和黑人群体经历了相 125
对非常多的挫折。对此，多拉德（34）提出了深一层的原因：在黑人中，只要涉及至少是特定形式的犯罪，社会化力量就会（被白人）有计划地削弱。

特定的移民群体，尤其是意大利人和爱尔兰人，比本土出生的美国人在某种程度上表现出更高的犯罪率。但是，国籍因素对在国外出生的后代的犯罪率则具有最大的影响。“特定研究已经指出，当一个移民群体刚开始在一个社区定居下来时，第二代的少年犯罪率相对比较低，但在接触了周围的多元文化后会提高。在一些独立于周围文化的移民聚居区中，则仍然保持着较低的犯罪率。犯罪率在聚居区中心地区相对较低，但是在这个群体与其他群体有接触的边境地区则较高。”（163，p.114）①

人们很少认为，外国出生的后代，其经济地位比他们的父母更低或者物质生活更差。但是很独特的是，随着美国化的进程，现存的生活条件和美国学校、美国广告以及其他有影响的机构制造的理想生活标准之间，产生了广泛的矛盾，结果是导致了更多的不满。因此，人们会觉得这种提升的挫折导致了更多的犯罪。但是，这并

① 还可参见贝农（15）。

不是这一进程唯一起作用的方式。很多作者已经提醒人们注意这一事实：在从我们的文化向另一种文化过渡的过程中，家庭的社会化对下一代造成的影响在不断削弱（21）。[①] 父母代表了古板和贫困；
126 而如今被人们意识到对性格形成是最重要的、对父母正常的认同过程（4），是在很不完整和缺乏社会化的程度上进行的。如 S. 格鲁克和 E. T. 格鲁克（52）所说的“文化的冲突”，不仅体现在不断增长的挫折经历中，还表现为惩罚预期（一种主要的社会化力量）的严重降低。

（k）私生。邦格回顾了关于犯罪和私生关系的早期数据，发现法国在 1890 年至 1895 年的时候，“一个私生子成为罪犯的危险两倍于他是合法孩子的情况，如果是私生女，这种危险是 4 倍”（17, p. 494）。在这种统计数据可以利用的不同国家里，只有意大利的私生和犯罪提升没有明显的相关。萨伦格已经研究了更多近期数据，得出的结论是：“正常婚姻外出生的孩子，比其他孩子会更有可能犯罪。”（160，p. 29）

在种族和国籍的案例中，人们很少认为私生之类的问题对个体是否成为一个罪犯有多大影响。但是，私生的结果和意义既会提高挫折水平，也会降低惩罚预期。由于不被需要、忽视以及排斥，私生子更缺乏机会去遇见合适的人和赢得互相促进，而这种互相促进是形成满意人格的基本因素。很多同样的因素也会增加他在学校和谋生中的困难。[②] 如果每个私生子都能被一个满意的家庭收养，那
127 么会给这个孩子带来足够的社会化和不超过平均数量的挫折。根据目前的假说，在这种情况下，私生和犯罪之间的关系即使不会消

① 罗斯（135）采取了一种不易证实的观点：经济因素在这种联系中单独起作用。

② 对于私生个体可能遇到的排斥、羞辱和其他压抑经历的心理影响，布里奇斯（21）已经给予了特别的注意。

失，也会大大降低。

(1) 婚姻状况。在导致犯罪的所有挫折中，最戏剧性的可能就是关于罪犯与非罪犯婚姻状况的比较结果了。下面的内容引用自一份美国政府关于 1920 年美国监狱犯人经历的公告，其中指出这种关系是非常明显的：

> 数字显示了令人震惊的事实……无论性别，无论年龄，这种对比都十分显著，离婚者在入狱者中占有极大比例。对离婚男性来说，犯罪率是每 10 万人中有 201.9 人，而单身男性是 72 人，相差近 3 倍，同时，是已婚和寡居女性的近 6 倍。对离婚女性来说，犯罪率是每 10 万人中有 24.1 人，大概是单身女性的 4 倍，已婚女性的 8 倍，寡居女性的 10 倍。(174. pp. 23 - 24)①

一般来说，相对于未婚的人，已婚的人更享受于性欲和繁殖的冲动所带来的满足，这种假设应该是没有疑问的。之前引用案例中的数据显示了这方面的挫折会在多大程度上加强犯罪的趋势。由于离婚而失去了习惯的满足是尤其让人感到受挫的，因此离婚者——在其他方面经常或多或少存在长期失调——会表现出异常的高犯罪率。唯一与“挫折增长倾向于导致犯罪增长”这一观点严格相符的 128
事实是，如果是由于死亡而失去伴侣，无论男人还是女人都会例外地表现出低犯罪率。毫无疑问，丧夫或丧妻一般来说是严重的挫折来源——比如毁掉了很多长期养成的重要习惯。② 那么，为什么受

① 埃里克森（38）在对罪犯的智力研究中也偶然发现，在罪犯群体（“对应每个等级的智力水平”）中，单身、分居和离婚的个体所占的比例要高于在普通人群中的比例。

② 像所有其他亲密的人类关系一样，婚姻关系在某种程度上必然是矛盾的。每个男人和女人都可能会发现婚姻生活的某些特点是让人感到受挫的。每个结婚的人或多或少都会希望从婚姻中得到解脱——不管它作为某种安慰曾经让人满意到什么程度。但是由于配偶死亡所带来的损失一般会大于收获，挫折的体验也超过了所带来的愉悦感。由于个体一般不能承认自己的愉悦反应，整个心理画像由于带有负罪感的色彩，会变得更加复杂。

这种影响的人就没有显示出外部攻击的增加呢？

熟读人类学文献，我们会发现，如果像很多原始人那样，相信人类的死亡可能是由于外界因素（比如巫术），那么失去所爱的（或者有用的）亲人或朋友时，一个人就会只表达最清晰的攻击行为，相对来说就不会掺杂着类似悲痛之类的情感，并准备开始面对他们已经承受的失去（挫折）。[①] 与此同时，在我们类似的文化里，死亡通常被归于非人类因素或者是“命运”，被看作是“上帝的意志”，或者是其他一些人类感觉无力面对甚至害怕面对的因素。这样，引起的攻击冲动明显就“转向内部”了，最后导致的只是悲痛或悲伤的特殊体验。处在这种情绪下的人类很少会表现出犯罪的攻击行为。

一个人在性方面遇到挫折，不仅是未婚、离婚或者寡居的结果，还可能是因为与婚内性伴侣不和谐。研究发现，和已经引述过
129 的美国政府统计数字一致，男性未婚或者离婚囚犯的比例要远远高于他们没有犯罪的兄弟们。[②] 吉林也报告说：“［已婚的］囚犯与妻子比他们的兄弟与妻子之间有更多的不和谐。”（51，p. 208）婚姻和睦或和谐，不仅可以从面对直接问题的反应中判断出来，还可以从背景的相似程度、丈夫和妻子的文化爱好中推断出来。吉林得出下面的结论：

> 因此，在以下四个方面——经济状况、教育程度、国籍、宗教——囚犯和他们的妻子都比他们的兄弟和妻子表现出更大的差异（统计性显著差别）。这些发现暗示了这种可能性：相对于他们的兄弟和妻子，这些囚犯和妻子背景的差异可能导致

---

① 萨姆纳和凯勒（162）给出了几个很好的例子。
② 参见邦格（17），以及费纳尔德、赫尔姆斯、哈耶斯和道利（40）。

他们更多的不和谐（51，p. 211）。

当然，在逻辑上还有这种可能性：一些可能导致高犯罪率的、特殊的儿童时代经历或者遗传的“污染”，也有可能导致对婚姻的厌恶，而性调整的挫折因素与犯罪也没有直接的关系。然而，已有的事实看来并不支持这种解释。

（m）性别比例。尽管罪犯的男女性别比例在不同的国家差异很大——从比利时的 3∶1 到芬兰的 22.5∶1——但罪犯还是男性居多（17；163）。一般来说，男人承担了更重的社会责任和经济责任，然而很难就此认为，就像他们的犯罪比例超过女性一样，他们也经受了同样比例的挫折。为此，不得不将其他因素考虑进来。一般认为，女性天生就比男性更不倾向于攻击性的反应，但是对此问 130
题进行了仔细关注的作者们，认为两性之间存在的这方面变化主要是由社会决定的：身材上更矮小和更瘦弱，在生命中一个很重要的阶段——怀孕阶段——必须有人照顾，在月经期，女性被教导在群体中接受一个受到保护但是从属的地位。本德、凯泽和席尔德特别研究了男性犯罪率更高的原因，得出的结论是：对男性和女性不同的社会期许对这种关系有重要影响。他们说：“一个基本的原因，似乎是对男性化和女性化概念的社会规定。因此，对女性化、攻击性和男性化的感觉都是被动的。一位男性需要通过身体行为——一种男性的特质——摆脱任何女性化的感觉。”（14，p. 408）[①]

另一个决定男性和女性犯罪的重要因素是这样一个事实：遇到困境时，女人可以通过不同形式的卖淫来找到解决问题的办法，而男人就不行。尽管有时被法律界定为犯罪，但是卖淫更可能被看作

---

① 如果注意到很多夸张的男性行为是受罪犯影响而来的，这就很有意思了。引用过的文献暗示了男性的犯罪一般可归因于针对潜在的同性恋和被动性的反应模式。

是一种不道德的行为和可以接受的、必要的犯罪。女性如果被迫用这种方式应对生活的困难局面，可能会失去社会地位，但是根据合理的审判，她们一般都能避免入狱。很多事实已经指出，卖淫可能拯救了相当多的女人而没有让她们成为真正的罪犯。在一个女性在
131 经济上更少依赖男性的社会，贞洁似乎也不再有那么高的价值，而卖淫的需要也相对减少了。于是，女性被迫求助于其他渠道，她们的犯罪率显示出决定性的增长趋势。尽管现在还没有可靠的统计数据，但是这一进程在近 20 年的美国毫无疑问地发生了（126；159）。其他国家的对比统计指出，男性和女性开始遵守一个统一的性道德标准，两种性别之间的犯罪率也相对变得更加接近了。例如，在丹麦，1876—1885 年之间，女性犯罪和男性犯罪之间的比例超过同时期阿尔及利亚的 8 倍以上，在阿尔及利亚，男性和女性的性行为标准比丹麦存在更多的分歧（17）。统计数据还显示出，被控入狱的美国黑人女性是白人女性的 17 倍，黑人男性只是白人男性的 5 倍（163）。众所周知，黑人女性对黑人男性的经济依赖要相对较小，而且对性行为的标准男女没有实质分歧。①

尽管之前的分析肯定是不完整的，但是已经足够指出，男性比女性犯罪率更高是与“挫折和惩罚预期是决定犯罪的两个基本变量”这一假说相符的，它只是这一假说变形的伪装。

（n）家庭条件。家庭对决定孩子是否犯罪所起到的作用，人们已经给予了太多的关注（21；158），以至于我们已经可以对这个主
132 题进行某种程度的总结了。S. 格鲁克和 E. T. 格鲁克（52）的研究结果可以作为其他研究者的典型案例，这一研究显示，在波士顿被

① 这种说法只适用于更低阶层的黑人。在上层社会的黑人中，入狱的男女比例和白人差不多（34）。

研究的 1 000 名男性少年犯中，只有 7.9%是家庭完整并受过良好管教的。其余的 92.1%，由于死亡、离婚、遗弃或入狱，或者是父母矛盾损害了家庭纪律与和谐，或者是母亲要寻找外面的工作，总会有父母中的一位甚至两位离开家庭。这些以及类似的不完整的家庭状况，可能会与低经济状况和失去父母的疼爱联系起来，并导致孩子受到更多挫折。但是，更重要的可能是这些因素对个体社会化发展的影响。现在普遍认为，超我或者良心首先是在孩子和父母的情感纽带中形成的（即对安全和奖励的期望）。当这种纽带减弱或缺乏，或者父母不称职的时候，性格形成也不会正常完成，个体就会在缺乏内化限制的环境中成长——而这些内化限制在与外界社会力量结合时，一般会约束大多数个体在社会传统允许的范围内行事。

(o) 邻居条件。相对于家庭的重要性，同一时期邻居的条件和经历对儿童性格形成也有显著影响。一个单独的家庭要想使孩子保持高于在邻居中流行的惩罚预期，一般会非常困难，尤其是在城市地区。肖和他的同事们（146）对芝加哥市所谓的“红灯区”进行了详细研究，发现当相对高层次的家庭被迫迁入堕落的邻居旁时， 133
对这个家庭的年轻成员的行为会有绝对的解体效果。对玩伴和学校的联合体验会带来一种强烈的矫正影响，这种影响有时会造成那些有着高行为标准但却缺乏足够的收入来躲开低水准邻居的家庭的严重冲突。其他孩子的嘲笑和不认同，也能加强或减弱家庭关于惩罚预期的社会化效果，因为试图保持家庭和邻居的理念基本接近，这是很自然的反应。尽管在社会层面上，更低级的相邻区域也可能会产生剥夺和挫折，但是它们对犯罪的主要影响可能还是由于对错误行为的法外惩罚不像其他集体那么严厉。

(p) 地区条件。很多作者已经对城市地区犯罪率高于农村地区进行了评论。[①] 一个经常被提到的解释是，城市的匿名性给那些要犯罪的人提供了更多机会，并且，相对于农村，也有利于逃避更多法律内外的惩罚。另一个相对较少提及的因素是，农村地区人际关系简单得多（56)，男人的主要对手是大自然而不是其他男人。相应地，在农村环境中，当男人面对挫折时，他的攻击更可能是针对敌对的环境力量，而不是像在城市生活中那样针对其他男人。针对大自然的攻击——类似对天气的祈祷和诅咒——很少被看作是犯罪。[②] 目前，似乎没有可靠的办法来判定是否城市居民体验的挫折
134 数量高于农村居民，以及犯罪率的差别是否主要取决于刚才提到的因素。

布里尔利指出，一个特定地区的绝对人口密度不仅取决于谋杀率，还取决于人口增长率。他说：

> 佛罗里达州从 1920 年至 1925 年的数据揭示了这一迹象：快速扩张的城市可能会伴随谋杀案的增多。根据晚一些的数据，土地价格和人口的“佛罗里达大繁荣”也开始了。在这个州的 6 个城市，在 1920 年有 58 起谋杀案，1925 年有 208 起。对单个城市进行分析后，人口增长等因素的影响就更明显了。(20，p. 149)
>
> 除了人口在 10 000 及以上的城市，乡村的数据也指出了同样的趋势：人口增长导致谋杀案增多 [与绝对人口成长不成比例]。(20，p. 151)

---

① 参见罗斯（135）的评论。

② 这里需要提醒一下，像之前提到的（第三章），农民们有时会把庄稼歉收引起的挫折所激起的攻击移置到其他男人身上，比如政客和黑人。

这位作者相信，“住宅的缺乏、移民的增长，以及陌生人涌入伴随的社会无序”是城市谋杀案快速增长的主要原因。这些因素都明显提供了挫折或导致挫折的条件。在这些条件下，社会化力量也无疑被削弱了：政府对社会的监管经常受到限制，快速增长的人口的高度流动性也会削弱传统和集体制裁的力量。只有在预计会有不寻常的经济收益的时候，外来者才会被一个特定的、有大量成员的集体所吸引。这种情况下，期待获益的人数总要多于实际获益的人数，这会给相当多的人带来挫折，并导致犯罪趋势的上升。 135

(q) 酗酒和药物成瘾。酒精曾被称为是超我溶剂，在某种程度上它削弱了自我限制和对外界惩罚的预期，而这种惩罚的作用是可以与犯罪联系起来的。在这些背景下，它经常被谴责是犯罪的一个主要原因，但实际上，它可能更多是犯罪的代替而不是原因。弗洛伊德（48）认为，醉酒是男人信赖的、可以容忍的一种挫折表达方式（“淹死我的悲伤”）。如果对过失行为的惩罚预期因此被削弱了，挫折也就随之减轻了。萨瑟兰分析了与商业周期有关的犯罪和醉酒的统计数据，得出的结论是：“一般来说，这种关系已经足够大和足够持久，以至于可以指出，在经济萧条期，严重的犯罪会增多，在经济繁荣期，醉酒会增多。”（163，p. 161）这一结论支持了最近研究者提出的有关酗酒的假设（77，103），即这是一种对挫折的反应，比犯罪更安全，而且在有足够的财力可以沉溺其中的时候，醉酒实际上更受欢迎。

药物成瘾与犯罪的关系似乎与酗酒（79）和犯罪的关系差不多，这里就不再单独讨论了。

(r) 黩武精神和道德假期。尽管现存的统计数字并不完整，但还是有证据显示，崇尚武力的生活更可能导致犯罪的增多。邦格

(17，p. 517) 引用了豪斯纳支持自己的论点，认为在和平时期，士兵的犯罪“是市民犯罪的25倍之多”。受制于严格的纪律——这种纪律可以使早期儿童的憎恨态度重新发挥作用（114），并剥夺很多自我表达和冲动满足的正常机会——士兵们也许确实会发现军营生
136 活不是一般地让人感到受挫。对不正当行为的正常惩罚经常格外严厉，这一事实指出，这种挫折对犯罪攻击产生了强烈的刺激，而这种攻击往往需要强烈的限制。即使是这样，在这种情况下，这些限制似乎也无法完全阻止攻击反应。

在战时，对士兵中发生的犯罪实际上是不可裁决的。行为的标准是如此无序和颠倒，以至于任何人都可以通过最武断的定义，来判断什么是犯罪以及什么不是犯罪。一位平民在和平时期将受到严重惩罚的行为，在战时可能会被嘉奖，而正常无害的行为则可能会受到严厉谴责。各国都发现，对从战场上返回的男人进行同化和再社会化是非常困难的，这个事实指出了一种困惑：什么样的预期惩罚会对士兵有持续的效果。这种共同历史观察的确定性来源于一个发现：1923年，美国的监狱里有太大比例的退役军人（174）。[①] 这个事实可能不仅被解释为传统禁忌和抑制的崩塌，还因为（至少部分上）通过失业、破碎的人际关系等等反映出的挫折的增长。[②]

人类社会都留出特定的日子或季节，其间允许实施平时禁止的行为。这种安排允许被压抑的刺激进行阶段性的放松，对维护任何社会的稳定性都是很重要的。可以推想，这种道德警惕的放松和暂时的标准降低会减少被称为是罪犯的行为，但这并不是事实。统计

① 也参见埃里克森（38）。

② 一个战时国家的犯罪率倾向于降低（17），这一事实可能归于攻击的移置，或者是相对于和平时期对罪行更少进行系统的起诉。

显示，大量的犯罪都发生在假期（20）。似乎压制的力量一旦减弱，137
在某种程度上就会完全让开道路。这种逮捕数量在假期增多的现象，有时被归于在这些场合中酒精消耗的提高或者更多人处于闲暇状态这一事实。但是其他的判断暗示，之前提到的机制可能在这里也起作用。

（s）*政府类型*。一个特定群体所经受的挫折总量明显受到占优势的政府类型的影响。在其他条件相等的前提下，一般认为，一个压迫性的、不胜任的政府会导致更多的犯罪，一个公正的、高效的政府会降低犯罪率（24）。然而，一个政府不仅有力量影响人民经受的挫折数量，还控制了对挫折所致攻击反应的惩罚的严厉程度。因此一个独裁政府可能在极大增加挫折的同时又降低犯罪的发生。这个过程如果没有为最终革命或战争奠定基础，可能也就到此为止了。很明显，像第七章将要指出的那样，这里包括的问题很复杂，很难获得经验的数据并对其进行解释。

（t）*精神病理学*。根据法律定义，罪犯是指已经实行了社会禁止的行为并被判断为当时在心理上和道德上都要为所做的事情负责的人。这种罪犯因此与一种明显的精神病罪犯有了区别，因此后者如果做了在客观上与前者相似的行为，会被给予不同的对待。这一事实至少部分说明了一个不很令人惊奇的发现，在大部分监狱和劳
改人员中，只有1%至5%是传统意义上的精神病患者。然而，有 138
一群作者——尤其是亚历山大和斯托布（5）、艾宏恩（4）、李普曼（90），以及一些别的人——相信大部分罪犯（即使不是全部）的犯罪行为是由心理机制激起的（主要是无意识），这些心理机制与那些相信在神经症和功能性精神病中也起作用的机制是基本类似的。在阅读这些作者引用的著作时，我们可以坚信他们在个人的案例中

经常有特别的领悟。但是，他们的发现结果并不认为所有的犯人都是精神错乱者。萨瑟兰说：

> 在1930年8月2日出版的《美国医学会杂志》上，这种偏见以极端的形式体现出来。犯罪医学分委员会承认，一种精神病症状的影响是“可以得到承认的，即使当罪犯除了他的犯罪行为以外，并没有表现出任何精神疾病的证据”。精神异常的诊断暗示了一种正常的评价标准以及关于思维、感觉和情感还没有以实际的术语表述出来，却由精神病医生的偏见来决定。(163，pp. 105－106)

比“精神异常导致犯罪”这种观点更有力的假设认为，这些现象都是对挫折的替代反应，个体人格的整体结构决定了会产生哪个反应。按照这一观点，两个经历了同等挫折的个体，有特殊人格组织的那个人会倾向于表现出犯罪性的反应，而另一个有不同人格组织的人可能会表现出某种形式的精神病理反应。

在前面的部分，我们试图整理证据支持这一假说：所有已经发现的、与犯罪偶尔有关的因素，对攻击个体来说，都直接或间接地
139 暗示了高于平均程度的挫折或者低于平均程度的惩罚预期，或者二者都有。这个结论一经得出，好像就沦为了老生常谈。但是它的合理性并不是一直如此明显的。要知道，在几十年前，最广为接受的观点是：犯罪是先天性退化的一个标志。

犯罪倾向随惩罚预期而改变，这一点已经被大众广泛接受。当犯罪增长时，就要求有更严厉的法律和对法律更严格的执行；家庭、学校、教堂和其他性格形成的机构就不受重视了。肖构想了在一个特定团体中，社会控制力量的崩溃与发生犯罪的关系：

> 简单来说，随着城市发展的进程，商业和工业对本地居民

的入侵瓦解了作为社会控制单位的社会团体。外国民族和族群旧有的文化以及社会控制都在新文化和种族环境中被毁掉了，而且这些人的流入增强了这种无序状态。在这种混乱下，社会团体的抵抗是很无力的。各种犯罪形式不断增加，并像任何其他文化和社会模式一样进行社会传递。最后，这些犯罪形式可能成为主流，并塑造了在此地区生活的人们的态度和行为。因此，这一部分地区就成了红灯区。(145，pp. 205 - 206)[①]

在关注了家庭作为社会化机构的重要影响之后，希利和布朗纳说：

对这些年轻人的生活进行调查后，有件事很明显，因为形成的自我理想太少，社会限制和抑制在很多场合缺席了。对于 140
任何表现出社会满意的行为模式的人，他们也没有多少情感联系。换句话说，对他来说可能是一位好家长的人，儿童从来没有情感上的认同。父亲或母亲要么是没有扮演好受儿童尊敬的那个角色，要么就是由于缺乏一种深爱的关系而没有成为孩子的偶像。(61，p. 10)

犯罪与社会化宣传和惩罚预期的加强呈负相关，如果说这种观点没有什么新意，那么，在犯罪与挫折的变化呈正相关的假设中也没有任何新东西。邦格（17，p. 462）很久以前就引用过古老的荷兰谚语“快乐的人不作恶”，在他的不朽著作中，整个讨论都是围绕“犯罪是剥夺和不满的一种反映”这一观点进行的。然而，这种论断也肯定有让人不舒服的含义，并且也没有作为情境逻辑被广泛

① 对于激进主义（改革）和社会改变，卡茨和斯坎克（74）对它们和犯罪的关系进行了探讨。

接受。作为对“忽视挫折概念在犯罪领域的重要性和相关性”这种一般倾向的解释，我们可以在 E. 格鲁克和 S. T. 格鲁克（52，p. 80）的报告中发现：“总体来说，我们研究的父母和家庭，在很多方面都具有不完整和属于弱势群体这些特征。”但他们同时坚持，在他们研究的 1 000 名男性少年犯当中，只有 5%明显带有“不满”的特征（p. 109）。

希利和布朗纳更直接地探讨了挫折与犯罪关系的问题，他们发现挫折起到了重要作用。他们说：

> 缺乏满意的人际关系才导致了不足、剥夺或者挫折的产生。在强烈地体验过这些不满之后，愿望和渴望的驱力自然就
> 141 产生了，并催生替代的满足。当年轻人没有因此以社会接受的行为找到足够的满足（或者没有形成抑制性神经症）的时候，他可能通过产生犯罪的念头而找到一种替代的自我表达方式。这样，犯罪只是表现了人类行为激流的冰山一角。由各种对挫折的不满开始，随后是替代反应的驱力，这一激流胡乱地进入了想要进行犯罪的自我表达形式。（61，p. 201）

尽管作为犯罪的主要决定因素，我们无法判断惩罚预期和挫折哪个更重要，但是这一现象确实很早就已经被发现了，并且被定义为这两种因素之间动态的互动与平衡的一种函数。如前所述，犯罪既不是绝对意义上的挫折的函数，也不是绝对意义上的惩罚预期的函数。如果惩罚预期很低，挫折也足够低，犯罪就不会产生；同样，如果挫折程度很高，而惩罚预期也很高，犯罪也不会产生。但是当惩罚预期降低而挫折升高时，带来巨大的矛盾就有可能伴随着犯罪的增加。

第七章 民主主义和法西斯主义[①]

在第四章，我们已经研究了挫折在进行和保持社会化过程中的作用。研究结果显示出，所谓的社会控制机制是如何控制和调节攻击行为的。本章我们尝试在民主主义和法西斯主义国家对这一社会心理观点进行具体的应用。不能认为下面的分析对所有美国人、德国人和意大利人都适用，毋宁说这是尝试描绘一下人民在其中生活和斗争的社会的一般结构，但是只有当这个结构可能导致挫折和攻击行为时，那才是民主的和法西斯的特殊所在。

显然，用挫折-攻击假说的术语来描述美国、德国和意大利是很困难的。之所以选中这些国家，是因为它们有不同的缩影、不同的政治体系和对立的哲学，我们无法对这些国家轻易简单地进行归类，因为每个国家都有自己的历史传统、国家资源和抱负，都有自身的特殊复杂情况。简单地说，每个国家都是一个独立的社会，没有一个社会可以被压缩成几个简单的概括。此外，在当今，出版关于民主和法西斯的书是一种时尚（64；84；173；179）。当然，由于篇幅所限，这单独的一章不可能提供太多细节和观点。

---

① 由于本书出版于 1939 年，本章的很多论述不免带有时代局限性，敬请读者留意。——译者注

生活在一个民主国家的人可能会自认为很了解这个社会运行
143 的方式，但是想对这个社会的每个方面都进行合理的分析，却不可能都得到“深层”的本质。作为西欧文化的一部分，在这样的一个民主国家里生活，意味着具有与意大利和德国差不多的体验，因为这两个国家也是此种文化的一部分，但是法西斯主义在对手中故意制造的敌意而导致的盲目也不是绝对可以避免的。

人们可能会问：挫折-攻击假说既然本质上是心理学的，那么该如何被应用到社会学数据中？这种谨慎导致了最终的困难。例如，如果说某个给定的场景是让人感到受挫的，我们就必须十分了解个体关心的、已经受到干预的、被绝对确定的目标反应。对上述我们要考察的两种政治系统，这类私密的心理信息都是不足的。因此，可能存在的挫折以及涉及的攻击行为，也都只是纯粹推断性的。从统计数据和二手材料来源中做出这种推断是有风险的，而我们之所以要冒这种风险，是为了说明民主主义和法西斯主义是如何可能通过挫折和攻击的术语来进行分析的。简言之，我们为这个心理系统配备了概念化的社会学材料，而这些材料同时提供了心理学的视角。除非获得更精确的数据——如果可能的话——否则我们无法对可以定性为民主主义和法西斯主义社会中的挫折和满足进行合理的量化比较。我们所有能做和要做的，就是给大家展示出，这种比较是如何通过这一假说得以进行的。

144 儿童的社会化

作为家庭生活的补充，正规的教育系统对社会遗产的传递有很大影响。学校的孩子们在接受社会角色教育和学会可以表达攻击方法的时候，总是会遇到挫折。因此，民主主义和法西斯主义国家的毕业生是不同类型的人，对未来的期许也不一样。

在美国，对进步教育信条的接受在不断增长，这意味着美国教育家们倾向于不论在任何时候，只要可能，就要减少教室里与生俱来的挫折。此外，教师们的每个传统都被“如何”（how）的问题所困扰，也就是“如何达到最有效的教育手段”。关于美国教育的目标，并没有一个口头协议。例如，哥伦比亚大学师范学院的一些特定职员，花费了很多时间，在他们的期刊上争论儿童们是否应该为现状做好准备，为一种新的集体主义做好准备，或者为正处于演进过程的、不管会变成什么样的社会做好准备。然而在实践中，除了做高级研究的一些机构的几个课程以外，老师们都在有意无意地给学生们灌输那种模糊的所谓美国理念：美国是世界上最好的国家，美国给了所有人在经济层面和社会层面上崛起的机会，美国人必须忠于宪法的原则。这种教导在法西斯主义观念中很少是系统化的，因此，美国人也不是完全符合老一套的标准。此外，在美国教育的理想和现实之间有一种矛盾：一方面在“服务”“行为良好”“品质”的名义下强调合作的美德；另一方面，等级的竞争无处不在，尤其是在所谓“先进的”学校。后来，几乎所有的成年人都称 145
赞自己受的教育，并声称这种教育使自己在经济上和文化上都受益良多（11，p. 82）。

在德国和意大利，无所不在的青年组织宣称，希特勒和墨索里尼正在尝试通过从摇篮开始塑造他们，来使拥护者受到保护。德国的教育家对这个塑造自由民主制度的先进理念不以为然（136，pp. 28－35），他们坚持只有纳粹的理念需要灌输给儿童。这两个国家的学校教育都采取了严格的纪律性手段：在教室内，相对于精神训练，更多强调的是身体训练；课外活动被限制为准军事化或全军事化的形式（173，pp. 68－73）。这样，孩子们在校内的时候就学会了关于本国政体的理论，在校外的时候，他们会觉得即使尚未成年也可以把这些理想付诸实践（138）。在德国，为未来领袖们开办的、专业严密的学校，有点类似于柏拉图在他的《理想国》中提出的建议。德国教育的顶点是半年或者一整年的义务“服劳役”（包括纳粹教义上的班级），还有两年的服兵役（19，pp. 174－182）。在纳粹的大学中，入学要求同时包含劳役和兵役，社会科学和大多数人文学科被毁掉了，因为德国的理念更多是通过感觉而不是分析来获得的（58）。

146 因此，民主国家和法西斯国家的儿童们会感到受挫，因为他们被期望教育成为好的民主主义者和法西斯主义者。而美国的学生们尽管确实受到了直接的职业引导（11，p. 72），但仍希望在离开学校后，遭受过的教育挫折已经给他们准备好一份工作。人们还认为，意大利和德国的学生们会觉得他们自己是国家的一部分。美国的学生们相信，他们有权获得的快乐是属于个人的；而德国和意大利的学生们说，他们的职责是支持国家，不管他们自身快乐与否。我们不可能估计出这两种政体下的挫折数量。当然，学校教育在法西斯主义国家更统一，要求也更多，但是单一性和强制性与增长的挫折并不是必然相关的。

成年人的再社会化

上述三个国家都在不断地改变，因此需要国民也不断改变。被迫适应新环境会让人感到受挫，因为之前的目标反应遇到了新的干预。例如，类似奥格本“社会滞后”（122，pp. 199－265）的概念，就是一种社会学的方式，暗示了一些由变迁的社会和这种社会需要的再社会化所导致的挫折。

在美国，改变主要是由新的发明（比如棉花收割机或者任何更
有效的机械）和新的社会规划（比如罗斯福新政或者第三政党）带 147
来的。那些支持老办法的人——农场或工厂工人，以及持个人主义思想的企业家——感到了挫折，同时也对改革产生了敌意。然而，正式来说，美国的民主并没有给这些受到挫折的人强加任何固定的模式。他们中一些人或多或少还是有抗议的自由，只是是否遵循不断改变的社会环境的需要，最后还是取决于他们自己。美国现存的、大量所谓的“社会问题”，显示出社会允许人们保持受挫和攻击状态。在一个民主社会，不会按照一个固定严格的计划来产生解决办法，甚至正式的法律也经常落后于已经改变的环境。

同时，美国偶尔会单独对某一群体进行压制和改革：针对“赤色分子”“无神论者”和“非美国人”的呼声不断增高，就可以证明这一点。到目前为止，这类群体都没有太久的生命力。他们的迫害者更愿意直接把他们干掉而不是改造他们。

在法西斯主义的专制政体中，年龄大一些的人尤其容易因为政体变化而感到受挫，因为他们已经按照之前的标准进行社会化了。民主人士、自由人士、进步人士，所有的异议者都被法西斯除掉了——“除掉”意味着酷刑、集中营或者外部流放。母亲们发现当家庭生活即将被毁掉时，却永远无力反对，因为她们的孩子匆忙离开家庭，跑去参加那些希特勒青年团或者法西斯先锋队要求参加的活动。希特勒试图改变宗教的实践，确实已经让一些天主教徒和新教教徒感到受挫。

此外，在一种专制政体下，再社会化的群体是那些可以被按照 148
某些标准进行认定的人：在德国是犹太人和“布尔什维克”；在意

大利是“共产党”，最近更多是犹太人。国家的敌人不是个人，他们是可以区分的、个体的集合。对他们的改造或者文化的灭绝——尽管对受害者和旁观者来说都是很武断的——经常是按照一个计划执行的，这一计划通常是国家总体哲学的一部分。最后，所有狂热的成年人只是在宣传中保持了表面上的狂热。这种“文化更新”（纳粹的说法）需要新颖的生活方式，因而不可避免地会导致挫折。

关于成年人不适应再社会化的问题，在民主国家和专制国家之间有一个基本的差异。后者在集体内部形成了一个外部群体，并计划通过驱逐或同化来除掉这个外部群体本身。然而，美国很少形成
149 这种群体——通常个体们以及不可辨认的群体会逐渐使自己社会化，或至少是努力使自己社会化。

经济和社会挫折

无论是在民主主义还是法西斯主义国家，都不会天上掉馅饼，也不可能每个人都成为英雄。基本的和更多的文化产生的刺激因素，不可能自动得到满足。无论哪里都有饥荒、天灾或人祸；无论哪里，都有各种限制来摧毁在任何绝对意义上表达的自由。

甚至是对民主主义最偏执的拥护者也不得不意识到贫困的存在。通过与同伴们的经济竞争，一些美国人一直无法获得他们最渴望获得的地位（11，p. 132）。社会中有上百万人失业，这个社会给工作买了保险，却不能适当地指导个人什么才是合适的休闲习惯。那些被雇佣的人，不管他们是很喜欢还是不太喜欢他们的工作，都被迫严格遵守上班时间，拿着他们认为太少的薪水（11，pp. 125 - 126，210），忍受一些他们讨厌的人（工头或老板），压抑个人想要改变的倾向（11，p. 38）。此外，越来越多的工人已经开始相信他

们不会得到比现在更好的工作，美国传统的流动性正在或是已经消亡（11，pp. 128 - 130；93，p. 72）。这是当工业处于高度合理化的层次时，一种遍布几乎是整个世界，尤其是西方国家的文化情结。

然而，法西斯主义已经对这种工业模式有了新的改变，其中有些改变可能会造成额外的挫折。在一个法西斯社会，为了获得经济独裁，工业进程宣称的目标是制造而不是消费。意大利人和德国人被迫把自己看作是国家的制造者，而不是最终享受产品的消费者 150
（78；121；173，p. 99）。工人们在意大利加入大财团，在德国加入“劳动前线”；而实际上不管在哪种情况下，他们都必须服从他们的雇主，相应地，雇主则必须服从于国家的领导者（19，pp. 141 - 142；41，p. 133）。任何形式的罢工都是不可容忍的。此外，在德国，农民被一套复杂的法令绑在他的那块土地上（19，pp. 231 - 268）。然后，法西斯国家要求人民相信，辛苦工作不是为了自己，而是为了祖国。庞大的秘密警察组织强化执行了国家计划的命令。尽管有人可能指出，忽视自我有利于国家这种想法也会带来满足，但是看起来十分可能——尤其是法西斯国家的薪水已经降低了（173，pp. 35 - 37）——这些不得不忍受的艰苦是会导致挫折的。

一个民主国家也是由大量的社会群体组成的，这些群体为了声望和争夺新成员而互相竞争。臭名昭著的暴发户的境况提示，成为 151
社会精英的道路是布满荆棘的。一些家庭和朋友之间的争吵，很可能会让成员感到受挫。

这些现实也遍布于法西斯主义社会。它们的内容和方向可能不同，但是它们的社会角色和导致的挫折基本是一致的。在一个独裁体制下，对工人们以及对一些可以意识到这些官僚——尤其是法西斯国家的官僚——会得到更可心和更有利位置的人来说，庞大的监督管理机构可能会非常让人感到受挫。

种族偏见

我们对民主主义和法西斯主义的特有挫折的阐述先到此为止。对挫折-攻击假说的下一步应用，就是勾画出伴随每个社会调控的攻击的大致方向。然而，在此之前，必须考虑一下种族偏见的问题。因为按照挫折-攻击假说，对一个群体的社会偏见是明显存在的。首先，那些有偏见的人已经受到了挫折。其次，他们以一种非常统一的方式表达了他们的全部或者部分攻击。这样，种族偏见通过此假说可以得到解释。同时，作为一个问题，它提供了关于挫折和攻击之间关系的一种具体阐述。

美国所独有的种族偏见是针对黑人的，一些最近移民到美国的群体（比如爱尔兰人或者日本人）也受到了歧视。在意大利，北部
152 的意大利人起初不喜欢南部的乡下人，后来又讨厌犹太人。美国读者对德国迫害犹太人最为关心，因此这种偏见会被仔细对待。多拉德（34）已经在别的地方用挫折-攻击假说的术语描述了美国黑人的境况。

按照目前的看法，种族偏见也是一种攻击的形式。有时，当导致挫折的目标已经确定的时候，这种攻击可以被称为是*直接的*。在战后，芝加哥和东圣路易斯的种族骚乱就是这种偏见的回应：受挫的黑人进行直接的、愤怒的攻击。在其他情况下，当攻击指向的群体不是导致挫折的那个群体的时候，攻击就被称为是*移置的*。这里，攻击被从群体内转到了属于外部群体的人身上。例如，一些人经常会歧视那些与歧视的对象没有直接关联的人（80. p. 99）。

由于大多数（包括那些涉及宗族偏见）的攻击反应通常是全体

社会成员的禁忌，因此必须给予那些希望攻击某个种族群体的人以特殊的社会许可。目前有两种许可形式是被承认的。第一种是对抗。在加利福尼亚州，当地的农民被允许攻击日本人，因为据称，后者由于更低的生活标准，对当地农民形成了真正的竞争威胁。传统模式在可以表达攻击的环境中会识别出另一个群体。这里直接的对抗不需要表现为事实，有某种认定一个替罪羊群体的模式存在就足够了。不管在哪里，只要这种社会“对仇恨的许可”存在，它的源头就很可能追溯到真实的竞争。

种族偏见一旦产生，不仅会产生挫折并随后产生攻击，也不仅 153
要有攻击的许可，同时还要有一种方法，来认定被憎恨的人。为了避免大水冲了龙王庙，这种认定是必要的，它也可能采取多种形式：种族污名（黑人）、民族差异（法国人和德国人）、语言或宗教（法裔加拿大人）、等级标志（印度）、社会阶层（工人），以及奴隶身份。所有这些差异都被一些群体用来攻击更低层的群体。

关于德国，很显然，在战后[①]德国人被迫面对各种状况，这些状况干预了种种强烈激起的目标反应。他们在筋疲力尽之后被打败了。他们失去了曾为之战斗的“阳光下的地盘”，他们的国际地位遭到了难以置信的摧毁。在《凡尔赛和约》以后，他们不得不承认战败，对征服者的深入攻击更是无能为力。他们被迫让出殖民地和额外的领地，他们的海军被没收了，他们的军队被缩减至只够维持国内治安，几乎在所有方面他们都感觉自己堕入了下等阶层。更不能忘记，有上百万人在战争中挨饿，相当多的德国人不得不放弃军旅生涯。在经济上这个国家仍旧经历着挫折。德国的通货膨胀给中产阶级带来了失业和悲惨命运，同时打乱了所有试图通过存款保证

① 指第一次世界大战。——译者注

个人安全的计划。不到 20 年，世界范围的萧条就侵袭了每一个在打完最后一颗子弹后还从来没有过好日子的德国人。

如果几乎所有德国人都经历过并厌恶各种各样的挫折，那么很明显，攻击就会不断增长并且以某种形式表现出来。对盟友直接进
154 行攻击是行不通的，因为这种行为已经失败并且被新的挫折所困扰。随着战争的逼近，旧君主制已经被魏玛民主通过直接的、公开的攻击方式所取代。但是挫折仍然还在，并且在不断提高激起攻击的情绪。虽然在世界眼中德国处在令人羞耻的地位，德国的经济生活也不断下降，但随着德国开始欣赏自己的地位，这种攻击就不得不被移置。这种移置采取了更多样化的形式。首先，社会民主党尤其是共产党的成员快速壮大，这两个党派使他们的支持者有机会说出他们对现有社会秩序的厌恶。很多政治党派之间——在希特勒掌权时这个数字是 27 个——日益激烈的竞争，却使其从内部不断瓦解。青年运动、现代化和其他对旧道德标准的攻击也都可以解释为是移置的攻击。

德国社会的中产阶级和上层阶级很快意识到，这种反对国家和社会秩序的攻击会威胁到他们自己的地位。因此，当希特勒发起运动时，他们当中的许多人开始支持民族社会主义工人党（纳粹党）。纳粹党开始对没有阻止所谓反社会攻击运动的共和国、对象征着国际无产阶级国家出现的苏联、对《凡尔赛和约》和其所建立的欧洲秩序、对内部替罪羊——犹太人都表现出公开的攻击。在经过了巧妙的宣传——嵌入这些攻击性的要求、上层阶级重要成员的支持和
155 巧妙的政治策略——取得了政权之后，在纳粹的计划中只有两项攻击行为被立即实施。共和国被摧毁、其支持者被杀戮殆尽，还有就是一场有计划的大屠杀降临到犹太人身上。

犹太人是德国人表达攻击的理想对象。有些犹太人在通货膨胀中获益，还有些犹太人在一些专业机构、政府和商业领域中占据着十分重要的位置。因此，对于纳粹的宣传者来说，他们很容易对人们发出暗示，只有犹太人是经济竞争对手。大量外国犹太人，尤其是从波兰来的犹太人和那些没有完全适应文化的犹太人，都被当作是文化威胁的证据。而且，德国一直存在反犹太主义，复兴和强化这种传统观念是很有可能的。在众多的攻击方式中，对犹太人的攻击被合理化，而且通过官方法令，对犹太人进行的一些直接的或者精妙而非直接的攻击，都得到了社会的许可。

辨别那些“令人憎恨”的异族犹太人并不困难。最初的辨别基础是犹太教，然后不断扩大到有犹太种族行为的人群中。住在德国的外国犹太人被他们当作最有力的证据，用来说明所有的犹太人与德国人有本质上的区别，而且通过不断扩大的宣传，所有的犹太人都被认为是说依地语、穿正统服装的民族，虽然实际上只有少数犹太人是这样的。

简言之，德国对犹太民族的迫害就是一场从本应该对挫折负责的代理者身上被移置的攻击。这场攻击只是现代德国模式的一部分。逐渐地，通过一些大胆的外交策略，重整军备，调和英国上层阶级的态度——他们对惩罚的预期逐渐消除，希特勒开始谋划对 156
1918 年取得胜利的国家发动侵略。对犹太人更多近期的攻击，就暗示除了已有的明显经济优势，这种移置还是很必要的。

攻击的指向

根据之前引用的概念，被两大政治体系强加的挫折是大部分攻击产生的原因，这种攻击被移置到替代目标身上。这个问题涉及挫折的“真正”原因对文学有重要意义，但却不能被理论家流畅地表述出来，也不能被美国人、意大利人、德国人或者法国人自己在绝对意义上进行回答。然而，每个人都能感知到他想象中的造成挫折的“原因”。由于已经假设，对攻击行为最强烈的刺激直接指向被感知为挫折来源的代理者，那么，这种感知无论对错，都会在决定攻击指向中起到重要的作用。

美国人一向标榜自己是“命运的主人”，具体来说，这就意味着美国人只会将他们的挫折归结到自己身上，失败时更倾向于去伤害自己。在这种倾向中，划分责任就是美国生活中所谓的“拓荒传统”的本质。这也是美国商人的个人主义中所声称的，他们不仅不需要政府的帮助，而且政府的帮助会阻碍他们成功的脚步（93，p. 449）。因此，如果一个人失败了，他通常会将经历的失败归咎于自己，并且会念叨：“如果我能够……那么事情就会变得不一样了。”正如马克斯·韦伯用有些夸张的方式展示的那样（176），起主导作用的新教正是在培养这种思想感情，即如果一个人在不断脱
157 离正轨，那么他就应该自己去寻找美好，远离邪恶并且接受惩罚。

这种有潜在宗教信仰的特征，使美国共产主义组织者的任务变得更加困难。为什么一个美国人即使相信是自己的过错，却仍然会咒骂老板或者体制（93，p. 41）？挫折和经济衰退都会使政府机构直接影响人民的生活，然而，相对于他们自身，美国工人对其雇主的直接攻击有明显的增长趋势（11，p. 213；93，pp. 450－451）。甚至大学生都会通过社会科学课程被系统地教育，“社会”才应该真正为个人所面对的困难而负责。这种猜测可能会很冒险：大部分中产阶级仍然坚信，他们的困难或者成功都是源于自己，坚信他们自己能够而且必须将隐藏在每一个角落的财富挖掘出来，并且理所

应当地认为，拓荒时代的意识形态依旧适用于我们现在身处的独立社会中。

独裁统治下的人们也会自己承担失败，但是他们会被灌输一种总体性的解释，使得他们责备外部集体的人并因此对他们表现出攻击性。德国的挫折被说成是由于敌人的阴谋。过去的挫折可以追溯到犹太人、银行家等。当前的挫折是四年计划所必需的，因为要面临同样的敌人，尤其是在德国边境外的、对德国充满敌意的国家(13)。因此，种族偏见使德国人对一个替罪羊群体发动攻击——不仅是在面对过去的，还有在面对许多现在以及未来挫折的时候。既然法国和英国并没有加入另一份归还前非洲殖民地的《慕尼黑协定》，德国就必须忍受替代品。人们必须放弃安逸的生活，来守护 158
仍旧面对着一个充满敌意世界的祖国。法国的情形与此有些相似(173，p. 53)。直到最近，才没有太多的攻击被移置到犹太人身上。

在这两种社会中，特定形式的存在倾向于决定谁将会被认为是挫折的源头，而且因此影响了攻击的指向。在法西斯国家，这些感知的形式与许可模式相一致。然而，并不是所有的攻击都会被认可，因此每种文化都试图规范攻击的表达方式。因此，描述各种各样的渠道是很有必要的，因为在民主国家和法西斯国家，某种攻击 159
能否进行都要通过这些渠道。

如前所述，美国学校的学生被要求在学校里养成与人合作的习惯，比如，他们不可以进行公开的攻击。但是在学生放学之后，他们就会轻易将这些合作习惯丢在一旁，这对他们的老师是极大的打击。体育运动中的直接竞争，或者对包含有攻击性的英雄人物，比如运动员、印第安人或者美国联邦调查局人员等的间接认同，这是显而易见的。对父母的攻击当然是不可以忍受的，却不管怎样都是存在的，尤其是在青春期的时候。但是从整体来看，美国青少年已经相信，释放活力的一种可接受的方式，就是在寻求经济和社会优势的时候，去承担起公民的责任——无论这种方式是攻击性的还是建设性的，或者两者都有。

在民主社会，个人在理论上可以通过自由竞争而不是无情打击同伴来努力提高自己的经济地位。当他工作越努力，当他可以把生意打理得井井有条，当他在几乎任何方面都比竞争对手优秀，他就超越了自己，并在多数朋友眼中赢得了良好声誉。这些行为不仅是出于自我完善的目的，还有如第四章中所提到的，是由于童年时代的挫折，还有在成年时代来自各种社会制度的压力。因此，这些行为可以部分被看作一种移置的攻击。同时，处在这种竞争形式的攻击中，人们也不敢违反一些特定的法律或者道德，否则他们很快就会受到正式或非正式的惩罚。在根据《权利法案》或者尤其是用委婉的说法——根据“法律程序”——来规范竞争行为的时候，最高
160 法院是很严厉的。那些为了提高自己的地位而表现出攻击、成为流氓的人就会被控有犯罪行为。一个人如果在运动领域或者商业领域偏离文化规范，会被指控违反了“公平竞争”原则。在民主社会，有一些禁忌是明确规定的，还有一些在应用时是模糊和弹性很大的。

毫无疑问，不是每一个人都会取得成功或者变得富有。那些因无聊和没有安全感而感到受挫的工人，会更倾向于同情工会，这不仅是为了提高自己工资，缩短工作时间，还是为了表现出对雇主的挑衅。雇工很少会谋杀或者攻击那些解雇或者降低他每周收入的人；他只会大声咆哮，愤然离去，然后责备自己无能，或者加入一个工会（11，pp. 213 - 215）。对少数族裔的极端狭隘运动席卷全

国，尤其是在经济萧条时期，这样的运动，是对人们身上的攻击性大力煽动的结果，通过宣泄原则，无疑会将攻击从受挫者转移到替罪羊身上（93，p.443）。体育比赛、电影，还有压榨机的流行暗示了同样的趋势，即通过寻找一种可以被认同的方式逃离挫折，通过这种方式可以表现出攻击行为，并且形成替代反应（11，chap.Ⅴ；13，chap.Ⅶ）。1932年，罗斯福选举获得了全面胜利，至少有一部分原因可以归结为，选举是在经济大萧条时进行的，数千万美国人都十分沮丧，因此他们想用这种政治制裁的方式攻击胡佛政权。美国人在学生时代的灰色记忆（即使他们通常会通过过滤“快乐的童年”来伪装自己的情感）和对不切实际教育的嘲笑，都是攻击性的言语反映，而这些攻击性都是来源于老师之前施加给他们的挫折，161
还有他们体会到的理想与现实之间的差距。

因此，美国有许多攻击行为，有部分行为已经被一些群体所转移。许多宣传工具仍然在宣扬“美国梦”，即每个人都有机会取得经济上的成就。因此，将针对挫折施予代理者的攻击移置到受挫者自己身上的过程，会起到防止社会暴乱的作用。更直接点说，雇主通过不断强迫自己做慈善活动（就像社区福利基金会和其他形式的私人慈善组织，还有进步的工业哲学中所提到的），直接或巧妙地让他的工人将注意力放到整个阶级而不是某个团体的组织者或者鼓动者身上。美国人通常并不会为领导者奉献全部，但也不会反抗领导者，因为他们并不会将自己的成功和失败归结于领导者。

在美国的社会生活中，种族隔离问题十分尖锐，尤其是对某些特定的种族。那些感觉受到歧视的种族，虽然不能摆脱这样的障碍，但是既可以寻求报复，也可以通过建立自己的小团体或者组织来为替代反应寻找机会，大多数的组织或者团体是将挫折排除在外的。从社会心理学的角度来看，这个过程可以被看作一种简单的传播，但是从心理学角度来看，攻击反应和替代反应都是可以造成文化特征减弱的机制，这一点毫无疑问。

通过对美国的攻击指向的调查，可以得出如下结论。首先，即使民主国家的理论表明，挫折是由个人因素造成的，并且无论什么
162 样的攻击结果都属于自我攻击，美国人实际上还是以多种方式公开表现了攻击行为。然后，从社会心理学角度来看，很明显大部分的攻击行为是在反对美国现有的组织和其他少数特殊成立的组织。然而，攻击很少会针对某一个外部组织，所以除了在战时或者像全美步枪协会这样的组织的成立初期，内部组织的凝聚力一般都比较弱。因此，个人、社会和工业冲突形成了美国民主的特征，然而，与此同时，由于法西斯活动和南美问题，美国人有了一种强烈的感觉倾向——他们更加统一了。

与此相反，法西斯国家表现出了一种内部的平静，一种让每个单纯的游客都愿意作证的幻觉。在法西斯的统治下，正如上文暗示的那样，懵懂的人们被告知，他们必须感到沮丧，因为邪恶的组织正在对他们的国家内部和外部构成威胁。他们的祖国并不是一个能让所有人都满意、都受到祝福的地方，相反，他们的祖国注定要为国家利益而受到挫折。在德国，到处都是“先公后私”的标语，就连硬币上都是；在意大利，人们以复兴的名义做出牺牲。被德国媒体和广播大肆宣扬的对犹太人和外国人的仇恨，使得暗烧的攻击远离了暂时的和令人沮丧的情景，也使德国人——最近还有奥地利人和苏台德人——大肆迫害和虐待无辜的人们，并且期待着下一个发起无情战争的“日子”。

不要忘了，法西斯国家的警方是非常有效率的。因此，在任何

公开场合中，所有对所建立秩序即使是不自觉表露出的不满也是完 163
全禁止的，并且会招致严厉的惩罚。在这种关系中，如果能够引用一段时期内可对比的犯罪数据，那将会很有趣，但是实际情况是，既没有可利用的这类数据，也不可能对数据进行解释。正如第四章中所提到的，犯罪率不仅是潜在攻击的表现，以及作为社会控制机制而让人们有惩罚预期，它还有定义某种反社会行为的功能。在意大利，当人们努力去减少犯罪人数时（一个非常有风险的过程），危害国家罪的犯罪率会在同一时期产生波动，杀人罪和强奸罪的犯罪率也会产生波动（173，pp. 116－117）。在希特勒掌权的前两年，盗窃案和杀人案在减少，但是谋杀案增加了（173，pp. 116－117）。这些数据无论表现出什么样的倾向，都很值得注意，因为它们显示了一些犯罪在意大利和德国已成痼疾，也就是说仍有许多人会公开表现出攻击行为。由于自杀是自我攻击的最极端行为，所以“意大利的自杀率在逐年上升”（173，p. 116）这一事实有重要的意义。

然而，有证据表明，在法西斯国家，那些受挫的领导人只能在自己的地下组织中悄声表达自己的攻击情绪。所有的交流媒体都制定了严格的审查制度，并有效地阻止了用言语表达攻击的行为。除了一些笑话，对国家英雄的攻击都被看成是阴谋。那些故意反对当下政权的人，基本上都是由于轻微地违反政府规定能给他们带来一种病态的欢乐。虐待主要发生在统治团体暴露的叛徒身上，在此，需要追溯一下恩斯特·罗姆（Ernst Röhm）的故事。可以设想一个场景：这个被枪毙的骑兵曾对希特勒用相似的方式说话，而对希特
勒说话是不可以表现出攻击倾向的。把对希特勒（最高程度的满意 164
和惩罚的源头）的攻击移置到那些不是很受人喜爱也不是特别可怕的建议者身上，是那些不满政权前进方向的人们最常使用的方法，

至少在非正式的谈话中是这样的。而且，这种移置也可以解释为什么罗斯福比他的身边的同事更受欢迎。比如，《财富》季度调查报道（43），54.8％的美国人“对总统整体上满意”，80.3％的人“喜欢总统的性格”，然而只有28.3％的人“喜欢总统的顾问和同事”。

法西斯主义还有其他的方式去减少对攻击的刺激。德国的学校给学生制定了非常严格的要求，而且德国的年轻人在进入工业领域或者读大学之前，必须排干一片湿地或者建一座兵舍。这其中包含的情感宣泄也值得注意。如果只用一种替代方式的话，战争游戏甚至是大众运动会都可以使德国人和意大利人宣泄自己。在这些法西斯国家，许多人只能在梦中——无论是真实的梦还是比喻的梦——筹划阴谋，这一事实也适用于那些觉得自己受到不公平对待但又不敢直接反抗的工人阶级。也许，这是一种只有难民报告才可以选择性证明的事实。

法西斯主义和民主主义一样，都有很多的挫折，但是法西斯主义的攻击是以一种统一的方式进行的，大体上与政权规定的一致。只有在针对官方敌人或者涉及制裁计划的时候，公开的攻击表现才
165 会被认同。同时，没有人敢于表示反对，因此，剩余的攻击不管是多么没有必要，也不能公开表现。

166 满意度

在描述由民主主义和法西斯主义带来的挫折和攻击行为时，有必要概括出这两个政治体系带来的总体满意度。由于没有一个确定的方式可以测量挫折和攻击的数量，关于满意度的知识可以帮忙解释一些由于替代反应而使攻击没有表现出来的情境。仅仅根据挫折感和攻击性来分析一个社会太过片面，如果加上满意度这个因素，

整体构架就可以变得更清晰。对比挫折与满意度，很容易吸引人们在这两个层面上对民主主义和法西斯主义进行比较。当然，这样的比较也很重要。只是不幸的是，由于没有充足的数据，我们无法进行清楚的比较。然而，即使无法得出定量的结论，比较的方法也可能会被用来证明不同形式的满意度。

性满意度这个主题很重要，但这是一个无法获取满意度信息的主题，相关的心理分析也是不可能进行的。德国和意大利的独裁者
鼓励生育，虽然墨索里尼的政策并没有提高出生率。美国可能会认 167
为有私生子是最大的耻辱，相比美国对私生子的这种态度，德国和意大利就不会很在意这一点。当然，这三个国家都会对母亲和新生婴儿给予保护。在大多数情况下，意大利不允许避孕，同时，避孕在德国也是不合法的，而在美国，对避孕的态度就很多样。在美国的一些州，离婚是件很容易的事，德国也允许离婚，在意大利基本不会有离婚的情况出现。从法律层面来看，意大利的性自由程度最小（173，Chap. XIV），但是在法律允许和实际满意度之间并没有一一对应的关系。

按照经济标准对民主主义和法西斯主义进行分析并不是一件容易的事，也就是说，满意度与更基础的推动力有关。无论一个所谓的高标准生活能否对挫折或者满意度带来额外的刺激反应，在一个必须被提出来但又不能得到满意回答的问题中，这种目标反应就会表现出来。然而，可以确定的是，根据总消费指数来看，美国的生活标准最高，美国在矿产资源、森林和农产品上，都比德国（包括德国刚刚占有的奥地利和部分捷克斯洛伐克在内）和意大利更加富有（173，pp. 13－14，22－28）。但是美国贫富对比的结果令人很惊讶，花费数百亿的美元来缓解贫困和政府的赤字后，仍有数百万

美国人在基础保障上远未达到满意水平。

168 在意大利和德国，高昂的花销（与人口和政府收入成比例的）用在了装备和维修军事设备上（173，pp. 97，104）。这意味着极高的税率或者其他方面的牺牲，因此降低了这些国家保障大多数满意度的可能性。意大利的生活标准一直都不高，但是有一些不太可靠的依据，让人们觉得在墨索里尼的领导下，他们的生活标准还是有所提高的（173，pp. 49，53）；然而德国的生活标准一直比现在高（173，pp. 49－55），可能德国人感觉自己比意大利人更沮丧，因为他们的文化从前给他们带来了大量的推动，而现在却变成了挫折。

在美国，主要的满意度来自个人的存在感。一个人是否取得成功，是否有一个美满的婚姻，他的孩子是否会比他生活得还要安心，是否受人尊重，是否观看了最新的电影？在一定程度上，美国人都会这么问自己，而且如果回答都是肯定的，那么人们就会觉得很满意。可以肯定的是，工人和农民只敢问自己少数几个类似的问题，但是如果可以，并且在能够得到更多保障的时候，他们无疑也都渴望能够参与到这些活动中。所以，美国人将满意度定位在个人和他的家庭中。当然无论怎样，也有证据显示，美国人有时把自己的满意度与更大的集体而不是他所直接接触家庭的满意度联系在一
169 起。邻居、社区、兄弟会或者专业组织的认同是十分有力的。不可否认，美国人很爱国，并以他们的传统和身为当代的开拓者为荣。但是，即使这种联系的重要性没有被忽视，它对满意度的影响也并不是绝对重要的。除了在战争中，相互依赖的感觉并没有像18、19世纪自由主义理论家所提倡的感觉那样强烈。理论上来讲，生产线上的人们是经济和社会活动链上的必要连接点，是民主主义体系生存的根本。但是，通常而言，人们考虑的是他每周的工资，而不是

他的工作和整个国家之间的关系。

在法西斯独裁者的统治下，情况就大不一样，至少官方的宣传让人感觉不一样。官方的宣传指出，在意大利，一份工作不仅仅意味着赚钱买生活必需品，还是墨索里尼扩展意大利帝国、在世界上巩固法西斯地盘的整体计划中的一部分。在德国，一份工作不能被看作对个人的乏味要求；它是一个将个人努力奉献给只关心国家利益和安全的领导人的有效方式。在法西斯国家，当人们通过宗教了解到，获得公开的满意度这一信仰现在不可能实现，而且会被无限推迟下去的时候，通过工作得到的满意度因此就有了宗教的性质。基督教徒寄希望于今后来找到这种终极满意度，而法西斯主义者则寄希望于一个国家的不断壮大来找到这种终极满意度。同时，这样的幻想带来的结果就是，在德国和意大利，消耗能源可能会比在美 *170*
国带来更大的满意度，也更有意义。而且，独裁者会给人们更多的希望，每个人都可以享受到具体的成果，比如铺好的马路、给工人提供的房子、娱乐组织、社交计划、对旧有恶习的控制，所有这些都被宣传官员编写出来（173，随处可见）。

将个人工作融入一个可以提升自己的大规划中——如果这种融入真的能实现的话——这种现象在理解和预测现代法西斯主义时绝不可以忽视。从经济数据角度来解释为什么一个国家比另一个国家具有更多或者更少挫折，有可能是对的，但是只有在涉及某种特定的挫折，而且这种挫折是源于这些数据得出的条件时才可行。既然所有的挫折都是源于个人，那么没有哪一项挫折可以被单独拿出来，也无法从中推论出攻击性行为会不可避免地增加或减少。意大利可以少一些基安蒂红葡萄酒，但是意大利的国旗却要飘在大多数埃塞俄比亚地区的上空；德国人可以少吃些肉和水果，但是维也纳和苏台德地区现在却是德国的一部分。不要认为按照我们现有的信息，布丁或多或少比大型盛会更让人感到满意。独裁者正努力在国民和自己的团队中，以盛会和强烈的认同感来取代布丁。人们不能完全依赖空想和象征生存下去，因此满意度作为其他东西的代替品必须有一个限制（尽管在严格意义上还没有定义）。

关于时间因素必须多说一句。临床证据表明一些攻击倾向可以
171 长期隐藏而不会公开表现出来，也不会造成严重的神经疾病，但是在一个社会中有多少人可以做到这一点并不完全清楚。因此必须说，如果在独裁主义下（和类似于这样的民主主义下）的人们就像证据显示的那样感到非常受挫，如果满意度并不足以弥补这种沮丧，如果他们不被允许公开表现出大部分的攻击倾向，他们最终会为自己寻找公开的形式。在后革命时代，尽管法西斯主义是新出现的，但是旧的防卫和一些其他的东西都从它们已实现和部分实现的理想中寻求满意度。但在这之后，也许挫折感就会更加令人烦躁。因此人们必须要问：法西斯主义是否不可避免地要继续发动战争？狂热的改革和起义是否会变成现实？还有，民主主义是否只有产生一些改变，才可能继续幸存？

172

第八章 一个原始社会的案例：阿善堤部落

第四章已经指出，在社会生活中，挫折是不可避免的，并且会不断导致攻击行为。因此，某些文化上的调整会自动产生，以防止社会崩溃。本章我们来考察一下阿善堤部落[①]的文化，尝试来确定这类调整的有效程度。按照之前提出的社会理论，人们一般会预期：社会不允许的攻击行为会受到强烈的压制，而对社会安宁不构成威胁的则会被允许，对社会目标起到服务作用的攻击行为则会得到鼓励。

如果想要对目前手上这类关于大多数原始社会的人类学数据进行分析，那将是极端困难的。从当前研究的观点来看，阿善堤部落的文化尽管是很令人赞叹的，但仍显示出一些不可避免的局限性。拉特雷（R. S. Rattray）上校——上述信息的主要来源——不太关心对攻击行为和挫折条件的区分，因此，想要对他的材料进行解释可谓困难重重。他的描述主要使用文化术语。他说，他所描述的大部分当地风俗模式，部分是来自直接观察，还有一部分是来自当地

① 这是一个著名的西非部落，由非常强大和好战的人组成，这些人在部落之间的战斗中表现出的凶猛，震撼了整个黄金海岸（即现在的加纳共和国。——译者注），在内陆地区都有深远影响。

人回答他的问卷。持怀疑态度的人种学读者经常这样质问他本人：
173 当地人的实际行动真的符合这种模式吗？人们经常会发现确凿的反例，因此，尽管在阿善堤部落，通奸被明文禁止并要受到严厉惩罚，拉特雷的实际观察却显示通奸的事实十分普遍，并且很少受到审判。考虑到历史影响的重要性，比如文化传播，那么，接受研究任何单独原始社会所得出的结论，哪怕只是被当作最高程度的假设，也许也是明智的。尽管有这些困难，但只要挫折-攻击假说指引我们从光怪陆离的现象中发现了一些联系，那么关于阿善堤部落的研究就是值得的。[①]

攻击的控制

对阿善堤部落文化的研究发现，攻击要想表现出来，会面对诸多限制。可能一切行为——只要触犯了已经确立的限制——都会包含一些附加的攻击行为。显而易见，大多数情况下，这样的行为对社会来说是危险的。对这些犯罪的制裁反映了引起这些行为的刺激和控制它们一样重要。因此，如果高攻击性的行为受到了严厉的惩罚，一般就可以认为，这些行为受到了强烈的抑制。

在阿善堤部落，叛变是一个纯粹的攻击行为，会被处以死刑。密谋废黜或者伤害一位领袖也是死罪。被敌人俘虏属于形式上的背叛，因此一个战士宁肯自杀也不愿被俘虏。

> 当战斗形式开始不利于他们时，某位阿善堤的首领就会登
> 174 高一呼，对祖先灵魂的侮辱会使他们斗志昂扬，奋勇杀敌。作为最后的手段，首领和指挥官们会使用作为身份象征的徽章自

① 在另一个部落——克拉马斯族印第安人中，菲力欧·纳什（119）发现贫困和宗教复兴之间存在关联，就像贫困和对白人殖民者的攻击行为之间存在关联一样。

> 我了断，而不肯落到敌人手中或者违背他们在发动战争之前的“誓言”。有一个很著名的阿善堤的谚语：“囚与死，舍囚而取死。”此外还有，“前进会死，逃跑也是死，我最好还是前进，即使被战争的血口吞没”。(129，p. 123)

挫折-攻击假说暗示当逃兵这类行为一般被视为对国王和国王权威的直接挑衅。如果上述文化模式更具体一些，比如详细考察一个战士向敌人投降的事例，这一暗示就更清楚了。人们可能认为，当这个男人离开家园来到战场，最强烈的欲望就是活下去。他想活着回到阿善堤部落的幸福生活中。而在战争中，却面临着被杀死的可能。这种冲突——被杀死的预期与回到阿善堤的渴望的冲突——就构成了一种挫折，这个战士会因此更加奋勇地与威胁他生命的敌人战斗。如果他的胜算很小，战斗看起来毫无意义，他唯一避免死亡的方式就是投降敌人。换句话说，唯一继续活下去的办法就是放下武器，缴枪不杀。但是他在战斗之前向国王发过的誓言——不成功，便成仁——阻挡了这条活命的道路。他的誓言成为阻碍生存渴望的障碍。此外，他知道，如果违背了誓言，任何时候回到家乡都会被处死。当他走上了战场，一旦停止战斗就别再想继续生存。这种挫折导致的攻击，被解释为对国王权威的反抗。被决定要生存下去的愤怒所驱使，无论是被捕还是违背社会规范，他都会向敌人投 175
降。阿善堤部落把这种违背王权的行为视为叛变，如果这个战士被抓回来，他会受到审判并被处死刑。

阿善堤部落把谋杀也看作对已经建立的王权的一种攻击——和对受害者的攻击一样：

> 在对一个凶手的审判中，法官审判的模式……似乎暗示了，这种冒犯会被厌恶是由于一种禁止某个人擅自主张的规

定。“挥刀”——处以极刑的权力，也许一直是权力核心阶层最小心保护的特权。(129，p. 290)

此外，被害者的灵魂会一直在凶手的梦里萦绕，尤其会为了自己向任何赦免凶手的领袖进行复仇。杀人被视为反对最高领袖，这种信念源远流长，即使是自我防卫过程中的杀人也不会使惩罚有所减轻。

拉特雷还说：

对某个人来说，如果他胆敢私自杀死冒犯他的人，他就是挑战了那个唯一的“握刀”的人（最高领袖），也就动摇了一切中央集权的根基。而这一点可能是在接下来的审判中最被看重的，在审判中，凶手……被指控没有把他的案子交给那些有“好耳朵”可以用来倾听的议员们来决断，而是拿起“一根棍棒打死陪审团”，结果就像对待“凶残的野兽”那样来对待长者们组成的委员会。打死受害者的举动，被认为和对中央政权犯有叛变罪具有相同的目的。(129，p. 295)

176 有一个挫折-攻击假说的实例，证实了阿善堤部落的“谋杀是和叛变相仿的攻击行为”的解释。如果将上面描述的模式化流程应用在一个特殊的案例上，这种解释就很清晰了。例如，一个人受到了致命的侮辱，他为了复仇而犯了谋杀罪，对这个人的行为进行分析，可以揭示出攻击行为可能的来源。这个侮辱适时地造成了伤害，这个男人可能是部落的一个受尊敬的成员。他希望继续享受同伴的尊重。但是他却发现自己受到了侮辱。这种公开冒犯是可能摧毁他的“好名声”的一种威胁。人们期望他像一个受尊敬和爱戴的部落成员那样行动，但他却被攻击者弄得怒不可遏，于是这个人决定报复。然而，直接反击攻击他的人是被法律禁止的。他不能自作主张，自己报复攻击者。其他人觉得他应该把这事交给法庭审判处理，这导致了更深的挫折感。他现在不仅对侮辱他的人感到恼怒，还对干涉他复仇的权力感到恼怒。一气之下，他殴打并杀死了侮辱他的人。在这个过程中，他对侮辱者和整个部落的攻击得到了释放。正是后一方面的刺激因素在审判中被着重强调，他也因此被判处死刑。

拉特雷对谋杀的可能动机进行了研究，得到很多种答案，其中包括：当地居民自己把谋杀案中的挫折和攻击联系了到一起。实际上，接受调查的人说："一个人可能欠了好多外债，但是与其马上就去上吊，他可能决定先杀死一些人，然后对自己说：'这样我就师出有名了，也有人陪我去死了。'"

即使是在战时，杀死敌人也是受到严格控制的。敌人应该先被俘虏，然后对其在战场上的叛逃行为进行即席审判，然后将其毫不犹豫地处决。然而，如果敌人已经被杀死了，杀人者就必须对尸体 177
进行一个类似的审判，然后将尸体斩首。忽略这个仪式会被看作是对部落的冒犯。可能的结论是，即使是在战争中，任意的杀戮也包含着损害社会组织机制的危险萌芽。因此，即使是战火正旺，一名战士也不得不牢记自己不是杀人机器，而只是负责惩罚叛贼的国王使者。

除了部分特殊情况，自杀也被认为是对现有政权的冒犯，并被看作是一项死罪。自裁是自认有罪，会让人猜测这个人是做了什么值得被处决的事情。结论就是：自杀就是在欺骗公正，逃避对罪行的惩罚。阿善堤的领袖们遇到这种突发事件时，一般会对尸体进行审判，砍掉尸体的头，阻止死者的灵魂进入"亡者之地"。对尸体的审判解释了这个流程的本质原因：

> [面向首领]“这是你的奴隶。没人知道他做了什么，今天他上吊自杀了。”[面向尸体]“是什么侵袭了你的心灵，没有人知道。但是，由于你没有把自己的遭遇公布出来，让我们用心聆听，而是拿起棍子打了陪审团——当你杀死了我们，[于是]你就把我们看作了凶残的野兽——所以，你是有罪的!”(129，p. 300)

显然，这个概念和我们自己的社会格格不入，证据就是我们会采取措施防止死刑犯自杀。

怀孕的女人有一些特殊禁忌，而这些禁忌在我们看来并不太合理。例如，她不能盯着一只猴子或任何畸形的人看，也不能让小红
178 蚁咬她。类似的这些限制可以被解释为一种避免未出生孩子受到攻击而施行的禁令。人们相信，盯着一只猴子或一个畸形人会对胎儿有伤害，小红蚁咬了一个孕妇可能会导致她流产。如果我们记得，怀孕一般会给女人带来很多挫折，那么这一禁忌就容易解释了。在怀孕期间，她的行动有诸多限制，她一直为即将到来的痛苦和分娩的危险而惴惴不安。这种挫折会导致对胎儿的攻击。一个女人在怀孕阶段不能和别人通奸，因为这会杀死她的胎儿。那些来和她接触的人必须十分小心。如果一个人对孕妇说“你怀孕了”，这也是一种要接受惩罚的冒犯——这种行为会带来流产，于是这个人就要为此负责并被罚以重金。

一些其他带有象征谋杀倾向的特定行动——也因此会被看作是经过掩饰或改变形式的攻击——被认为和实际发生的事实一样严重。这些行动有时看起来其实是很无伤大雅的，比如公开声明绝食、头发留得太长、用一把刀以直角的角度切东西等等。

奇怪的是，作为一种攻击行为，身体攻击在阿善堤部落是不被

看作有杀人企图的。殴打一个人首先被解释为一种侮辱行为，然后会按照受害者的声望来进行处罚。如果受害者是高级官员，打人者会被处决，因为他冒犯了逝去的国王和领袖们的灵魂。攻击性地殴打别人是孩童时代第一个被禁止的行动。对一个儿童来说，殴打父母是极端严重的冒犯行为。如果注意到高级官员和父母都是权威的代表，这就很有意思了。他们在社会中担任了挫折和社会化代理者 179
的角色。逝去的国王和领袖们的灵魂也象征着权威。他们是社会控制的超自然代理者。按照这个说法，这些社会成员将是攻击行为最天然的目标。而事实上，禁忌导致的敬畏，强烈保护着的就是这些个体。

言语侮辱有可能和身体攻击受到一样严厉的惩罚。儿童是不允许对他的父亲骂骂咧咧的，这样的行为会招致严厉的鞭刑。此外，儿童在他的父亲或祖父面前必须保持绝对安静，除非他被要求说点什么。当儿童看到一个没有耳朵或嘴唇的人，他的父亲会告诉他，这种残缺是因为这个不幸的人说了一些不该说的话，以此来强调言语侮辱的禁忌。尤其是，这些禁忌包括一些特殊的提法，比如“你母亲或父亲生殖器的起源”“你祖先的灵魂吃了自己的脑袋”或者“你祖先的灵魂拿走并吃掉了他们的骨头”。如果一个女人叫一个男人傻瓜，她会被严厉惩罚，甚至可能被处死。说任何可能冒犯他人的话，不管有没有好的理由，都要负责承担调停费用。传播小道消息，散布流言蜚语，说谎话，嘲笑别人是都严重违规的。攻击者的脸会被用木炭涂黑，他会被沿街游行示众，用牙咬着一只活的家禽，边走边敲锣，这样所有人都能现场观看并从中取乐。如果冒犯的是一位高级官员，这就有点叛变的意味了。按照冒犯的严重程度，这名罪犯可能会被割掉嘴唇或处死。顺便说一下，当这个犯人

做出公开的罪行从而违反这些风俗习惯时，部落会感觉耻辱，因为
这种行为看起来就是那些官方告密者（这些人的工作就是收集所有
180 流言蜚语，并将其转达给首领）活生生的例子。这些告密者显然不
会对自己的工作感到快乐，还会为自己的行为找出种种理由：

> 对这类行为，在他们的社会行为规范中有着根深蒂固的、本能的强烈厌恶，这一点可以从官方告密者即使是在特许环境下也必须执行的仪式中看出来。在报告之前，告密者必须说：……（我在鼻子下画一条线，这样我就能说了）或者（在下面涂上灰，我的鼻子，像一个白鼻子的……猴子）。(129, pp. 328 - 329)

当然，一些其他的举动也会被看作是攻击。除非是特意向其致意，否则盯着某人的脸是很不尊重人的行为。当众放屁是种不能容忍的冒犯。下面这个是被人种学者记录的事例：

> 大家去拜访一位重要人物，这位大人物受到忠诚和善良的阿善堤人爱戴，远族的首领和长者和其他人一样来表示对他的尊崇。当轮到某位特定的老人鞠躬献礼时，他不小心放了个屁，除了他的近身随从，没人注意到。然而在庆典结束一小时后，他已经上吊自尽。他让他自己和随从“蒙羞”了。在阿善堤部落，人们普遍认为，那种环境下，他做了唯一正确的事。否则他永远没有改正的机会来躲过他可能受到的嘲笑。(129, pp. 372 - 373)

对一位妇女来说，生出怪胎或畸形儿是对丈夫全家的侮辱。因此，大概在怀孕 8 个月之后，她会返回自己家所在的村庄，在她母亲的房中等待分娩。

这种风俗来源于对这个妇女有可能生出怪胎的恐惧。而在她自己部落的亲戚中，这件事会被作为一个秘密保守起来，以 181
避免对她丈夫家族的嘲笑或者其他后果。以前有过这样的例子：妇女生出半人半猴、半人半鱼、有3个或更多的乳房、有6个或更多的脚趾的孩子。所有这类的婴儿和阴阳人一样，都要被毁灭。（130，p.56）

偷窃是对财产权的攻击，在阿善堤部落会受到严厉惩罚。一个孩子即使偷了父母最微不足道的东西，人们也会用一种由羚羊皮制成的特殊武器进行鞭打。如果他拿了家族其他成员的重要东西，他的肛门会被注入红色胡椒，提醒他将来不要再偷东西了。在长大一些后，偷近亲的东西就不会再带到首领或陪审团面前了。第一次犯事后，被偷的东西会挂在小偷的脖子上，然后游街示众。第二次犯事后，小偷会被裸体游街，让同伴们嘲笑。第三次犯事后，会实行一套标准的惩罚措施，包括允许其他人叫他小偷，并且如果发现这个人在他们的田地中出现，可以鞭打他。

如果一个家族的成员对另一个家族进行了偷窃，事情会更严重，有可能导致两个家族的敌对。

但是，即使在这种情况下，也不必请求首领在两派之间进行裁决。家族的领导人关心的是完全自主地解决这件事。在争论中，家长和族人可以批判自己族人的偷窃行为，把他留给被偷窃的家族，他会变成……对方的奴隶。我的一个消息源曾说："偷一个群族外成员的东西，比偷自己群族成员的东西，性质要严重得多。前者会让全部族人承担恶名，偷窃者会受到加倍严厉的处置。"（129，p.324）

偷窃一个高级官员、死人或者神的祭品，被认为是冒犯整个民 182

族的禁忌。有这种罪行的，通常在审讯之后直接处死。

在阿善堤部落，通奸被认为是对结婚才能享有的特权的一种窃取。按照受害者地位的不同，惩罚也不一样。如果与一个普通人的妻子通奸，这种事通常会被集体忽视，或者支付一些赔偿金了事。如果受害者是一个高级官员，情况就全变了。这并不是由于一个私通行为随后可能导致很复杂的局面，因为国王或首领并不是世袭的。阿善堤部落可能更倾向于认为这种通奸不只是偷窃，它还是一种冒犯权威的攻击行为。

> 我们现在看看“性攻击”的最后一级，这是连权力核心都很关心的，因为对这种攻击的惩罚是死刑。我们立即好奇地想起，在我们自己关于叛变罪的法律条款中，有一条是：对任何攻击最高统治者伴侣的人要判处死刑（而在我们的法律中，类似的对同等人或者普通人的行为就不被认为应该处以死刑）。所有这些方面，阿善堤的法律似乎在概念和实践上都与我们几乎是一致的。（129，p. 306）

如果受害的官员正好是名战争领袖，通奸者的脸会被插入一把刀，他的身体被刺入豪猪的刚毛，他的生殖器被切断并被钉到树上，然后他会被斩首。和他合作的罪犯也会被处死。如果与国王的妻子通奸，在处死之前会受到更精心设计和更可怕的惩罚。意淫与一位高级官员的妻子通奸，即使是梦中呓语泄露的，也会给通奸者带来惩罚。

即使是与普通人妻子的通奸，某种攻击性的成分也会加重罪
183 行。强行引诱一位已婚妇女会被处死。此外，与孕妇通奸也会被处死，因为人们相信这种行为会导致未出生婴儿的死亡。有趣的是与此相关的事实：一位寡妇如果在配偶死亡一年之内与别人发生性关

系，会被看作是对死去丈夫的一种攻击。这会让死者如此恼怒，以至于他会回来与她同眠，导致她不孕或者死亡。

乱伦，初看上去也是种纯粹的性行为，在阿善堤部落看来，它在某种程度上也是一种攻击行为。人们觉得这种行为有特殊的恐怖之处，相信它会导致最严重的后果：停止下雨，庄稼减产，娱乐缺乏，疾病流行。乱伦是对祖先和神的冒犯，作为报应，他们会把各种形式的罪恶降临给整个群体。因此，人们认为这种行为要毁灭集体，因此罪犯会被处以死刑。

以上简短回顾了阿善堤部落中的罪行，揭示了大多数禁忌行为似乎都包含了很高的攻击成分。几乎可以确定，当地人对攻击行为有强烈的反应。同样明显的是，社会必须控制这种攻击性。除非是在社会控制的范围内，否则大规模的、部落内部的敌对行为，很可能足以让部落的政治和经济结构完全解体。

攻击的释放

按照挫折-攻击假说，受抑制的直接攻击有一种强烈的倾向，就是移置别处。也就是说，它并没有消失，只是换了种表现形式，或者被引向另一个不是导致挫折的人。对一个社会来说，想扼杀所有的攻击表达是不可能的。任何形式的攻击，只要不危害社会，就 *184*
应该有宣泄的途径，从而减轻对其他更危险的社会攻击形式的刺激。因此，允许攻击适当表达，对任何社会来说都是有利的。

阿善堤的文化允许对攻击行为进行适当表达。当人们可能发怒并攻击别人时，有特殊的场合可供使用。公开处罚犯罪者，看起来就是为发泄禁止的攻击性而服务的。观看公开行刑和观看首领葬礼中的殉葬，似乎可以获得相当多的替代乐趣。拉特雷特别报告说，很多当地人好像认为这些行刑和殉葬伴随嗜血的乐趣，并从观看这些官方的残忍行动中获得极大的欢乐：

> 在死刑公开执行后的最初几天里，毫无疑问，都会有一定数量的人被那些让自己进入狂暴状态的人和一些我不想假装明白的心理过程给杀死，好像只有乱杀一气才能让他们的情感得到满意的放松。（130，p. 109）

这种场合一种可能的功能，就是让人们宣泄被压抑的攻击性，从而避免这种攻击性在别的地方突破社会的控制。

宫廷小丑提供了一种更深层的、表现攻击性的方法。这个人——通常是个侏儒或驼背——为了逗本族人开心，甚至可以拿国王本人来取乐。此外，对当地人来说，如果有人造谣中伤或者做了什么伤害他的事，他的直系亲属有义务告知他这件事。尤其特别的是，这类事情发生后，一个侄子必须告知他的舅舅。这似乎是给个
185 人一些释放攻击性的途径，同时提供一种巩固部落群体关系的方法。

如果自己的孩子淘气，这位父亲必须鞭打他。在邻居们的观念中，如果这个孩子理应受到惩罚，他们就会强迫这位父亲鞭打孩子，并嘲笑他作为一个男人竟不知道如何抚养自己的孩子。这样，对孩子的惩罚看起来就成为父母释放攻击性的一个途径。想要得到邻居好评的父亲，如果发现儿子会给自己带来嘲笑，就会勃然大怒。相对于控制自己，他反而会督促他的邻居们惩罚这个淘气的孩子。在这个例子里，攻击行为被用来控制社会禁止的行为，从而得到社会认可。

讲故事也提供了一种攻击的方法。讲述者以一种公开的声明——他将要说的并非事实——来开始他的故事，这样他和听众都

不必对接下来的娱乐活动承担责任。主题一般是关于神圣的对象——比如众神、祖先的灵魂、病人们、高级官员等——被当作凡俗的，有时甚至是被嘲讽的对象来对待。在讲故事的场合中，会有一段时间被允许这样做。在故事的中段，演员们经常进入场地中间开始扮演故事中的各类角色，激起观众的阵阵大笑。拉特雷记述了一个有趣的经历：

> 有一次——我觉得应该与一幕描述一位得了雅司病的老人的短剧有关——我问坐在旁边的一个人，是否人们习惯于这样嘲笑被 Nyame（天神）这样惩罚的人，我认为嘲笑这样一个对象是不厚道的。这人回答我说，在现实生活中，任何时候都不该这么做，不管对这类事情有多么想笑。……这些场合给了所有人一个机会谈论和取笑这类事情。他说，这对每个人都关心 186
> 的事有益。（131，p. xi）

作为讲故事的补充，还有一种特殊的庆典，每年举行一次，这种庆典的功能似乎完全就是允许攻击的表达。在这个庆典期间，每个人都可以告诉其他人——包括国王自己——他是如何看待对方的。一些性行为也被允许了，在整个 8 天的庆典时间里，都不会有人索取通奸和诱奸的赔偿。按照宣泄的原则，这种攻击的表达会降低攻击的刺激强度。一位老神父对这种庆典的解释，暗示了这种可能的效果：

> 你知道，每个人都有一个灵魂，它可能受伤或被打击，甚至生病，然后导致身体也生病。尽管有可能存在其他因素，比如巫术或不健康因素等，但最经常的是头脑中的罪恶和对你的憎恨导致的。此外，你也可能会在心里由于别人对你做过的事情而憎恨他，这同样也会让你的灵魂焦虑以致生病。我们的祖

> 先知道，这是个问题，于是他们约定了一个时间，每年一次，在这个时间里，所有男人和女人、自由人和奴隶，都有权力大声说出心中的想法，告诉他们的邻居，他们是如何看待对方的为人和举动的，也不只是他们的邻居，还包括国王或首领。当一个人自由地说出想法，他会感觉灵魂变得平静和安宁，而他正在与之公开交谈的其他人的灵魂，也会变得平静。(128, pp. 153－154)

在战争期间，可能你过了很久才去杀敌，但是勇猛的战斗则是一直受到严格规定的。

> 在敌人面前表现出怯懦一般会被处以死刑，但是如果以罚款代替，这个男人会被穿上女人的腰链。……他的头发以一种称为 atiremmusem 的方式装饰起来……他的眉毛被剃掉……每
> 187 个男人都可以随意引诱这个懦夫的妻子，而这个男人不能要求对通奸的惩罚。(129, p. 126)

战士在战斗中可以随意诅咒。他们可以辱骂首领、祖先和神，而不用担心受到报复。一些出征之前的风俗可能被看作是特殊的挫折，目的是增加战士的攻击性。在宣战之后，首领和士兵们就不允许理发或刮胡子。在出征前夜，战士们都会宣读以下誓言：

> “我说出那个忌讳的名字——我说出那个伟大的忌讳的名字，如果你让我前进，而我却不去参战，或者我去了却把后背展示给敌人，如果我开了一枪而没有命中，而我没有继续向前，或者我逃跑了，那么我就侮辱了这个伟大的忌讳的名字。”(129, p. 123)

在发了这样的誓以后，在城里就不允许睡觉和性交了。首领和

他的战士来到营地，在出征之前一直留在这里。惯常的目标反应受到了干预，我们可以认为这会导致攻击性的增强。

如果挫折-攻击假说是合理的，在挫折导致的危机中，应该还有一些特殊的适应方式，比如对攻击的额外控制或者对攻击的释放。关于婴儿夭折的风俗可能提供了一个很好的例子。由于阿善堤部落是非常喜欢孩子的，因此，为了声誉，一对父母几乎是不可避免要养孩子的，如果孩子刚出生就夭折了，看起来这绝对是一种挫折。在这个孩子出生后，父母必须经过 8 天才能对这个婴儿提出任何正式的要求。在此期间，这个婴儿会只被普通的纤维布包裹（传统上是为了符合医疗卫生的目的）并被放在一个旧垫子上，而且不允许外出。在第 8 天会举行一个庆典，在这个庆典上，这个孩子才 188
正式被父母接管，包括给他起名字、换上好衣服、放在昂贵的毯子上、带出门外等。从婴儿降生那一刻起，人们就开始制定关于这个庆典仪式的计划了。如果婴儿在这个庆典之前夭折，就会带来残忍和令人心碎的挫折。因此，根据挫折-攻击假说，这对父母在此时会极具攻击性。事实上，关于夭折婴儿的惯例，似乎与攻击的一种暴力表达具有很好的对应性。

如果一个婴儿在庆典之前就死了，这对父母会变得十分愤怒。他们鞭打这个小身体，把它肢解，用锋利的针茅植物把它包裹起来，然后把它放在一个罐子里，这个罐子被埋在女性的公共厕所。这对父母剃掉头发，浑身素裹，喝一种落花生煲的汤，所有这些行为在任何葬礼上都是不可宽恕的冒犯。他们的攻击行为更深层的目标，是那位“幽灵母亲”，这位“幽灵母亲”之前已经给这对父母送来了这个孩子，现在又吝啬地把孩子收回了。这对父母返回他们休息的帐篷，假装睡在一起。这个举动本来在直到婴儿出生 40 天后都是禁止的，但是现在这种情况下，父母假装同房，来羞辱背叛了他们的“幽灵母亲”。

还有一个有趣的案例，体现了在明显的文化传统中，面对挫折的危机如何发泄攻击，这种案例可以在儿童时代被观察到。当一个男孩长到 3 岁时，他和父亲一起睡觉，父亲现在负责训练这个孩子晚上不尿床。对这个孩子来说，这个过程可以被看作一种受挫的体验。这意味着当他希望放松膀胱时，他必须控制自己足够长的时间，唤醒他的父亲带他到帐篷外面。这是对刺激因素和目标反应的一种延迟干预。这时孩子对父亲产生了攻击性，父亲就是控制的即
189 时代理者。然而，这种倾向是不可以表露出来的，因为一个孩子禁止对父母表现出敌对。如果他对父亲表现出攻击行为，后者就会惩罚他。有趣的是，顽固的尿床者为这种攻击性设定了一个目标，而这种攻击性，明显是由那些可能是受到这个挫折，也可能是受到其他一些挫折引发的。不再尿床的孩子们形成了一个群体，这个群体有特权嘲笑一个没有接受清洁训练的孩子。尿床者被其他人抓住，被他们绑在他自己的床垫上，被放到灌木丛中，被穿上一种荨麻。男孩们和女孩们向他扔水球并唱着：

> 你在夜里洗睡垫，
> 你在夜里洗垫子。

如果这种嘲笑成功地教会了他不再弄脏他的床垫，他就可以成为特权群体中的一员，然后再轮流向其他尿床者宣泄侮辱。下面会对将要发生的情况进行解释。侮辱并给他带来挫折的同龄孩子们在这个孩子心中激起了攻击性。如果对这个群体表现出攻击性，可以预见会得到他们更严厉的惩罚。他的攻击性因此移置给另一个犯错的人，而这是得到父母和他现在所属群体的许可的。也就是说，这

种移置得到奖励并因此得到增强。这个孩子从此站到了传统习惯的一边。社会控制的挫折，生成了对攻击的刺激，进而制造了一种被社会认可的攻击形式和攻击导向，也就是另一种尿床的纪律。

通过对阿善堤部落的总结，我们尝试以挫折-攻击假说为基础对人类学材料的某些方面进行了归纳。一般认为，阿善堤部落至少对那些在部落内部的、敌对性的毁灭性行动是禁止的，同时会为禁 190
止的攻击行为提供必要的宣泄途径。个体表现攻击倾向，给阿善堤部落提出了一个需要解决的问题。这些给集体利益带来了危险的攻击行为，是被严格禁止并且会受到严厉惩罚的。与此同时，某些攻击行为在部落内部是允许的，不论是否与集体利益一致。在战争中，攻击行为是被允许的，这时攻击行为的表现提供了一个对社会有用的结果。

191

参考文献

星号（*）代表即将在心理学期刊上发表的文献。

1. ABRAHAM, K. *Versuch einer Entwicklungsgeschichte der Libido.* Vienna: Internationaler Psychoanalytischer Verlag, 1924.
2. ACHILLES, P. S. *The Effectiveness of Certain Social Hygiene Literature.* New York: American Social Hygiene Association, 1923.
3. ACKERSON, L. *Children's Behavior Problems. I. Incidence, Genetic and Intellectual Factors.* Chicago: University of Chicago Press, 1931.
4. AICHHORN, A. *Wayward Youth.* New York: Viking, 1935.
5. ALEXANDER, F. and STAUB, H. *The Criminal, the Judge, and the Public.* New York: Macmillan, 1931.
6. ALLEN, E. (ed.) *Sex and Internal Secretions.* Baltimore: Williams and Wilkins, 1932.
7. ALLPORT, G. W. *Personality: A Psychological Interpretation.* New York: Henry Holt, 1937.
8. AVERILL, L. A. *Adolescence.* Boston: Houghton Mifflin, 1936.
9. BALDWIN, B. T. Physical Growth of Children from Birth to Maturity. *University of Iowa Studies in Child Welfare,* 1921, *1,* No. 1.
10. BARNHART, J. D. Rainfall and the Populist Party in Nebraska. *Amer. pol. Sci. Rev.,* 1925, *19,* 527–540.
11. BELL, H. M. *Youth Tell Their Story.* Washington: American Council on Education, 1938.
12. BELLIS, C. J. Reaction Time and Chronological Age. *Proc. Soc. exp. Biol. Med., N.Y.,* 1932–33, *30,* 801–803.
13. BELSTLER, H. Vierjahresplan und Schule. *Die Scholle,* 1937, *13,* 553–614.
14. BENDER, L., KEISER, S. and SCHILDER, P. Studies in Aggressiveness. *Genet. Psychol. Monog.,* 1936, *18,* 357–564.

15. Beynon, E. D. Crime and Custom of the Hungarians of Detroit. *J. crim. Law Criminol.*, 1934–35, *25*, 755–774.

16. Boder, D. P. and Beach, E. V. Wants of Adolescents: I. A Preliminary Study. *J. Psychol.*, 1937, *3*, 505–511.

17. Bonger, W. A. *Criminality and Economic Conditions*. Boston: Little, Brown, 1916.

18. Bonger, W. A. *An Introduction to Criminology*. London: Me- 192
thuen, 1936.

19. Brady, R. A. *The Spirit and Structure of German Fascism*. New York: Viking, 1937.

20. Brearley, H. C. *Homicide in the United States*. Chapel Hill: University of North Carolina Press, 1932.

21. Bridges, K. M. B. Factors Contributing to Juvenile Delinquency. *J. crim. Law Criminol.*, 1926–27, *17*, 531–580.

22. Bronner, A. F. Effect of Adolescent Instability on Conduct. *Psychol. Clin.*, 1914–15, *8*, 249–265.

23. Brooks, F. D. *The Psychology of Adolescence*. Boston: Houghton Mifflin, 1929.

24. Bruce, A. A. One Hundred Years of Criminological Development in Illinois. *J. crim. Law Criminol.*, 1933–34, *24*, 11–49.

25. Bühler, C. The Social Behavior of Children. In, Murchison, C. (ed.) *Handbook of Child Psychology*. (Revised Edition). Worcester, Mass.: Clark University Press, 1933.

26. Bühler, C. *From Birth to Maturity*. London: Kegan Paul, Trench, Trubner, 1935.

27. Bugelski, R. and Miller, N. E. A Spatial Gradient in the Strength of Avoidance Responses. *J. exp. Psychol.*, 1938, *23*, 494–505.

28. Cannon, W. B. *Bodily Changes in Pain, Hunger, Fear and Rage*. (Second Edition). New York: Appleton, 1929.

29. Cason, H. Common Annoyances: A Psychological Study of Every-day Aversions and Irritations. *Psychol. Monog.*, 1930, *40*, No. 2.

30. Childrens Bureau. Infant Care. *Childrens Bureau Publication No. 8*. Washington: United States Department of Labor, 1938.

31. Crampton, C. W. Physiological Age. *Amer. phys. Educ. Rev.*, 1908, *13*, 144–154; 214–227; 268–283; 345–358.

32. Davenport, F. I. Adolescent Interests. A Study of the Sexual
Interests and Knowledge of Young Women. *Arch. Psychol., N.Y.*, 193
1923, *10*, No. 66.

33. Doll, E. A. The Relation of Intelligence to Criminality. *J. soc. Psychol.*, 1930, *1*, 527–531.
34. Dollard, J. *Caste and Class in a Southern Town*. New Haven: Yale University Press, 1937.
35. Doob, L. W. *Propaganda*. New York: Henry Holt, 1935.
36. Doob, L. W. and Sears, R. R. Factors Determining Substitute Behavior and the Overt Expression of Aggression. *J. abn. (soc.) Psychol.*, 1939, *34*.
37. Ellis, H. *The Criminal*. (Fourth Edition). London: Walter Scott, 1910.
37a. Erickson, E. H. Observations on Sioux Education. *J. gen. Psychol.* (In press).
38. Erickson, M. H. A Study of the Relationship Between Intelligence and Crime. *J. crim. Law Criminol.*, 1928–29, *19*, 592–635.
39. Fenichel, O. *Hysterien und Zwangsneurosen*. Vienna: Internationaler Psychoanalytischer Verlag, 1931.
40. Fernald, M. R., Holmes, M., Hayes, S., and Dawley, A. *A Study of Women Delinquents in New York State*. New York: Century, 1920.
41. Field, G. L. *The Syndical and Corporative Institutions of Italian Fascism*. New York: Columbia University Press, 1938.
42. Firth, R. W. *We the Tikopia*. London: Allen and Unwin, 1936.
43. Fortune Quarterly Survey: XIII. *Fortune*, 1938, *18*, (July), 36.
44. Foster, J. C. and Anderson, J. E. The Young Child and His Parents. *University of Minnesota Institute of Child Welfare Monograph Series, No. 1*. Minneapolis: University of Minnesota Press, 1930.
45. Freud, S. Mourning and Melancholia. (1917). Reprinted in *Collected Papers*. London: Hogarth Press, 1934. Vol. IV.
46. Freud, S. *A General Introduction to Psychoanalysis*. (Trans. by G. S. Hall). New York: Boni and Liveright, 1920.
47. Freud, S. *Beyond the Pleasure Principle*. London: International Psychoanalytical Press, 1922.
48. Freud, S. *Civilization and Its Discontents*. (Trans. by J Riviere). London: Hogarth Press, 1930.
194 49. Gillin, J. L. Some Economic Factors in the Making of Criminal. *J. soc. Forces*, 1923–24, *2*, 689–691.
50. Gillin, J. L. Economic Factors in the Making of Criminals *soc. Forces*, 1924–25, *3*, 248–255.
51. Gillin, J. L. Backgrounds of Prisoners in the Wisconsin State

Prison and of Their Brothers. *Amer. sociol. Rev.*, 1937, *2*, 204–212.

52. Glueck, S. and Glueck, E. T. *One Thousand Juvenile Delinquents.* Cambridge, Mass.: Harvard University Press, 1934.
53. Goodenough, F. L. *Anger in Young Children.* Minneapolis: University of Minnesota Press, 1931.
54. Gorer, G. *Himalayan Village.* London: Michael Joseph, 1938.
55. Goring, C. *The English Convict.* London: H. M. Stationery Office, 1913.
56. Hacker, E. Criminality and Immigration. *J. crim. Law Criminol.*, 1929–30, *20*, 429–438.
57. Handy, W. C. Native Culture of the Marquesas. *Bull. Bishop Museum.* Honolulu: Bishop Museum, 1923.
58. Hartshorne, E. Y., Jr. *The German Universities and National Socialism.* Cambridge, Mass.: Harvard University Press, 1938.
59. Harvey, O. L. The Questionnaire as Used in Recent Studies of Human Sexual Behavior. *J. abn. soc. Psychol.*, 1931–32, *26*, 379–389.
60. Healy, W. *The Individual Delinquent.* Boston: Little, Brown, 1929.
61. Healy, W. and Bronner, A. F. *New Light on Delinquency and Its Treatment.* New Haven: Yale University Press, 1936.
62. Hollingworth, L. S. *The Psychology of the Adolescent.* New York: Appleton, 1928.
63. Hoover, C. B. *Germany Enters the Third Reich.* New York: Macmillan, 1933. 928.
64. Hoover, C. B. *Dictators and Democracies.* New York: Macmillan, 1937.
65. Horney, K. *The Neurotic Personality of Our Time.* New York: Norton, 1937.
66. Hovland, C. I. and Sears, R. R. Experiments on Motor Conflict. I. Types of Conflict and Their Modes of Resolution. *J. exp. Psychol.*, 1938, *23*, 477–493.
67. Hovland, C. I. and Sears, R. R. Minor Studies of Aggression: 195
VI. Correlation of Lynchings with Economic Indices.*
68. Hull, C. L. Goal Attraction and Directing Ideas Conceived as Habit Phenomena. *Psychol. Rev.*, 1931, *38*, 487–506.
69. James, W. *The Principles of Psychology.* (Two Vols.) New York: Henry Holt, 1890.

70. Jersawit, V. A. Adolescent "Discontents"—As They Voice Them. *Child Study*, 1932, *9*, 228.
71. Junod, H. A. *The Life of a South African Tribe. I. Social Life.* (Revised Edition). London: Macmillan, 1927.
72. Kahn, E. and Cohen, L. H. Organic Drivenness: A Brain-stem Syndrome and an Experience. *N. E. J. Med.*, 1934, *210*, 748–756.
73. Katz, S. E. and Landis, C. Psychologic and Physiologic Phenomena During a Prolonged Vigil. *Arch. Neurol. Psychiat., Chicago*, 1935, *34*, 307–316.
74. Katz, D. and Schanck, R. L. *Social Psychology.* New York: Wiley, 1938.
75. Keller, A. G. *Societal Evolution.* (Revised Edition). New York: Macmillan, 1931.
76. Kilmer, T. W. A Study of the Human Ear from the Standpoint of Identification and Criminality. *Correction*, 1932, *2*, 12.
77. Knight, R. P. The Psychoanalytic Treatment in a Sanatorium of Chronic Addiction to Alcohol. *J. Amer. med. Ass.*, 1938, *111*, 1443–1448.
78. Köhler, B. *Des Führers Wirtschaftspolitik.* Munich: Eher, 1935.
79. Kolb, L. Drug Addiction in Its Relation to Crime. *Ment. Hyg., N.Y.*, 1925, *9*, 74–89.
80. Lasker, B. *Race Attitudes in Children.* New York: Henry Holt, 1929.
81. Lasswell, H. D. *Propaganda Technique in the World War.* New York: Knopf, 1927.
82. Lasswell, H. D. *Psychopathology and Politics.* Chicago: University of Chicago Press, 1930.
83. Leal, M. A. Physiological Maturity in Relation to Certain Characteristics of Boys and Girls: A Study of School Children in New Britain, Conn. Philadelphia: Ph.D. Thesis deposited in University of Pennsylvania Library, 1929.
196 84. Leighton, J. A. *Social Philosophies in Conflict.* New York: Appleton-Century, 1937.
85. Lenin, V. I. The State and Revolution. Reprinted in *Collected Works.* New York: International Publishers, 1932. Vol. 21.
86. Levy, D. M. Thumb or Finger Sucking from the Psychiatric Angle. *Child Develpm.*, 1937, *8*, 99–101.
87. Levy, D. M. and Tulchin, S. H. The Resistance of Infants and

Children during Mental Tests. *J. exp. Psychol.*, 1923, *6*, 304–322.

88. Lewin, K. Environmental Forces. (Trans. by D. K. Adams). In, Murchison, C. (ed.) *A Handbook of Child Psychology*. (Revised Edition). Worcester, Mass.: Clark University Press, 1933.

89. Linton, R. Culture, Society and the Individual. *J. abn. soc. Psychol.*, 1938, *33*, 425–436.

90. Lippman, H. S. The Neurotic Delinquent. *Amer. J. Orthopsychiat.*, 1937, *7*, 114–121.

91. Lipschütz, A. *The Internal Secretions of the Sex Glands*. Baltimore: Williams and Wilkins, 1924.

92. Lynd, R. S. and Lynd, H. M. *Middletown*. New York: Harcourt, Brace, 1929.

93. Lynd, R. S. and Lynd, H. M. *Middletown in Transition*. New York: Harcourt, Brace, 1937.

94. Malinowski, B. *Sex and Repression in Savage Society*. New York: Harcourt, Brace, 1927.

95. Man, E. H. On the Aboriginal Inhabitants of the Andaman Islands. Part I. *J. anthropol. Inst. G. B. I.*, 1882–1883, *12*, 69–116.

96. Marshall, R. Precipitation and Presidents. *The Nation*, 1927, *124*, 315–316.

97. Marx, K. and Engels, F. *Manifesto of Communist Party*. Chicago: Kerr.

98. McDougall, W. *Outline of Psychology*. New York: Scribner's, 1923.

99. Mead, M. *Coming of Age in Samoa*. New York: Morrow, 1928.

100. Mead, M. Social Organization of Manua. *Bull. Bishop Museum*, No. 76. Honolulu: Bishop Museum, 1930.

101. Menninger, K. *Man Against Himself*. New York: Harcourt, 197
Brace, 1938.

102. Miles, W. R. Measures of Certain Human Abilities Throughout the Life Span. *Proc. nat. Acad. Sci., Wash.*, 1931, *17*, 627–633.

103. Miles, W. R. Psychological Factors in Alcoholism. *Ment. Hyg., N.Y.*, 1937, *21*, 529–548.

104. Miller, N. E. Minor Studies of Aggression: III. Degree of Annoyance as a Function of Strength of Motivation.*

105. Miller, N. E. A Reply to "Sign-Gestalt or Conditioned Reflex?" *Psychol. Rev.*, 1935, *42*, 280–292.

106. Miller, N. E. and Bugelski, R. Minor Studies of Aggression:

IV. Some Effects of Frustrations Experimentally Produced by Unsuccessful Cooperation and Competition.*

107. Miller, N. E. and Bugelski, R. Minor Studies of Aggression: II. The Influence of Frustrations Imposed by the In-Group on Attitudes Expressed Toward Out-Groups.*

108. Miller, N. E. and Davis, M. An Experiment on Fighting Behavior Illustrating Similarity between the Psychoanalytic Concept of Displacement and Transfer of Training.*

109. Miller, N. E. and Goodyear, T. Trial and Error Learning of a Social Response in Rats.*

110. Miller, N. E., Hubert, G., and Hamilton, J. B. Mental and Behavioral Changes Following Male Hormone Treatment of Adult Castration, Hypo-gonadism and Psychic Impotence. *Proc. Soc. exp. Biol. Med.*, 1938, Article 9925.

111. Morgan, J. J. B. *The Psychology of Abnormal People.* (Second Edition). New York: Longmans, Green, 1936.

112. Morrow, H. Dear Mother: I'm in Jail. *Sat. Eve. Post,* August 22, 1936.

113. Mowrer, O. H. Self-Injury as a "Mechanism of Defence."*

114. Mowrer, O. H. and Mowrer, W. M. Enuresis—A Method for Its Study and Treatment. *Amer. J. Orthopsychiat.*, 1938, *8,* 436–459.

115. Murchison, C. *Criminal Intelligence.* Worcester, Mass.: Clark University Press, 1926.

116. Murdock, G. P. *Our Primitive Contemporaries.* New York: Macmillan, 1934.

117. Murphy, G., Murphy, L. B. and Newcomb, T. M. *Experimental Social Psychology.* (Revised Edition). New York: Harper, 1937.

198 118. Nansen, F. *Eskimo Life.* (Trans. by Wm. Archer). London: Longmans, Green, 1893.

119. Nash, P. The Place of Religious Revivalism in the Formation of the Intercultural Community on Klamath Reservation. In, Eggan, F. *Social Anthropology of North American Tribes.* Chicago: University of Chicago Press, 1937.

120. Nelson, V. F. *Prison Days and Nights.* Boston: Little, Brown, 1933.

121. Nonnenbruch, F. *Die Dynamische Wirtschaft.* Munich: Eher, 1936.

122. Ogburn, W. F. *Social Change.* New York: Viking, 1923.

123. Pavlov, I. P. *Conditioned Reflexes.* (Trans. by G. V. Anrep). Oxford: Oxford University Press, 1927.
124. Pilcher, E. Relation of Mental Disease to Crime. *J. crim. Law Criminol.*, 1930–31, *21*, 212–246.
125. Poffenberger, A. T. *Applied Psychology.* New York: Appleton-Century, 1927.
126. Potter, E. C. The Problem of Women in Penal and Correctional Institutions. *J. crim. Law Criminol.*, 1934–35, *25*, 65–75.
127. Rainey, H. P. *How Fare American Youth?* New York: Appleton-Century, 1937.
128. Rattray, R. S. *Ashanti.* Oxford: The Clarendon Press, 1923.
129. Rattray, R. S. *Ashanti Law and Constitution.* Oxford: The Clarendon Press, 1929.
130. Rattray, R. S. *Religion and Art in Ashanti.* Oxford: The Clarendon Press, 1927.
131. Rattray, R. S. *Akan-Ashanti Folk-Tales.* Oxford: The Clarendon Press, 1930.
132. Reuter, E. B., Foster, R. G., Mead, M. et al. Sociological Research in Adolescence. *Amer. J. Sociol.*, 1936, *42*, 81–94.
133. Robinson, J. H. *Readings in European History.* Boston: Ginn, 1904.
134. Rosenzweig, S. Types of Reaction to Frustration: A Heuristic Classification. *J. abn. soc. Psychol.*, 1934, *29*, 298–300.
135. Ross, H. Crime and the Native Born Sons of European Immigrants. *J. crim. Law Criminol.*, 1937–38, *28*, 202–209.
136. Schaller, H. *Die Schule im Staate Adolf Hitlers.* Breslau: Korn, 1935.
137. Schapera, I. *Khoisan Peoples of South Africa; Bushmen and Hottentots.* London: Routledge, 1930. 199
138. Schirach, Baldur von. *Die Hitler-Jugend.* Leipzig: Koehler und Amelang, 1934.
139. Schwab, S. I. and Veeder, B. S. *The Adolescent.* New York: Appleton-Century, 1929.
140. Sears, R. R. Functional Abnormalities of Memory with Special Reference to Amnesia. *Psychol. Bull.*, 1936, *33*, 229–274.
141. Sears, R. R., Hovland, C. I. and Miller, N. E. Minor Studies of Aggression: I. Measurement of Aggressive Behavior.*
142. Sears, R. R. and Sears, P. S. Minor Studies of Aggression: V. Strength of Frustration-Reaction as a Function of Strength of

Drive.*

143. Sellin, T. *Research Memorandum on Crime in the Depression.* New York: Social Science Research Council, 1937.

144. Shalloo, J. P. Youth and Crime. *Ann. Amer. Acad. polit. soc. Sci.*, 1937, *194*, 79–86.

145. Shaw, C. R. *Delinquency Areas.* Chicago: University of Chicago Press, 1929.

146. Shaw, C. R. and McKay, H. D. Social Factors in Juvenile Delinquency. Vol. II in, National Commission on Law Observance and Enforcement. *Report on the Causes of Crime.* Washington: U. S. Government Printing Office, 1931.

147. Shield, J. A. Twelve Thousand Criminals. *J. crim. Law Criminol.*, 1937–38, *28*, 806–814.

148. Shirley, M. M. *The First Two Years: A Study of Twenty-Five Babies. III. Personality Manifestations.* Minneapolis: University of Minnesota Press, 1933.

149. Shuttleworth, F. K. Sexual Maturation and the Physical Growth of Girls. *Monog. Soc. Res. Child Develpm.*, 1937, *2*, No. 5.

150. Shuttleworth, F. K. The Adolescent Period, A Graphic and Pictorial Atlas. *Monog. Soc. Res. Child Develpm.*, 1938, *3*, No. 3.

151. Shuttleworth, F. K. The Physical and Mental Growth of Girls and Boys Age Six to Nineteen in Relation to Age at Maximum Growth. *Unpublished.*

152. Slawson, J. *The Delinquent Boy.* Boston: Badger, 1926.

153. Sollenberger, R. T. The Effect of Male-Hormone on Be-
200 havior with Special Reference to Adolescence. *Psychol. Bull.*, 1938, *35*, 666.

154. Sollenberger, R. T. The Relationship Between Physiological Maturity and the Interests and Attitudes of Boys.*

155. Stewart, C. A. The Feeding of the Child. *Sigma Xi Quart.*, 1938, *26*, 143–152.

156. Stoddard, G. D. and Wellman, B. L. *Child Psychology.* New York: Macmillan, 1934.

157. Stone, C. P. and Barker, R. G. Aspects of Personality and Intelligence in Post Menarcheal and Premenarcheal Girls of the Same Chronological Ages. *J. comp. Psychol.*, 1937, *23*, 439–455.

158. Sullenger, T. E. Juvenile Delinquency. A Product of the

Home. *J. crim. Law Criminol.*, 1933–34, *24*, 1088–1092.
159. Sullenger, T. E. Female Criminality in Omaha. *J. crim. Law Criminol.*, 1936–37, *27*, 706–711.
160. Sullenger, T. E. *Social Determinants in Juvenile Delinquency*. New York: Wiley, 1936.
161. Sumner, W. G. *Folkways*. Boston: Ginn, 1906.
162. Sumner, W. G. and Keller, A. G. *The Science of Society*. (Four Vols.) New Haven: Yale University Press, 1927.
163. Sutherland, E. H. *Principles of Criminology*. Philadelphia: Lippincott, 1934.
164. Sutherland, E. H. Mental Deficiency and Crime. In, Young, K. (ed.) *Social Attitudes*. New York: Henry Holt, 1931.
165. Symonds, P. M. Life Problems and Interests of Adolescents. *Sch. Rev.*, 1936, *44*, 506–518.
166. Terman, L. M. and Merrill, M. A. *Measuring Intelligence*. Boston: Houghton Mifflin, 1937.
167. *The World Almanac*. New York: New York World-Telegram, 1937.
168. Thomas, D. S. *Social Aspects of the Business Cycle*. London: Routledge, 1925.
169. Thorndike, E. L. *Animal Intelligence*. New York: Macmillan, 1911.
170. Thorndike, E. L. et al. *The Measurement of Intelligence*. New York: Bureau of Publications, Teachers College, Columbia University, 1937.
171. Thrasher, F. *The Gang*. Chicago: University of Chicago 201
Press, 1927.
172. *Time*, 1938, *32*, No. 15 (Oct. 10).
173. Tracy, M. E. *Our Country, Our People, and Theirs*. New York: Macmillan, 1938.
174. U. S. Bureau of the Census. *The Prisoner's Antecedents*. Washington: U. S. Government Printing Office, 1929.
175. Veblen, T. *The Theory of the Leisure Class*. New York: Macmillan, 1899.
176. Weber, M. *The Protestant Ethic and the Spirit of Capitalism*. London: Allen and Unwin, 1930.
177. *Webster's International Dictionary of the English Language*.

Springfield: C. and C. Merriam, 1930.
178. Weidensall, J. *The Mentality of the Criminal Woman.* Baltimore: Warwick and York, 1916.
179. Weisbord, A. *The Conquest of Power.* New York: Covici-Friede, 1937.
180. White, R. (An abstract of research) Submitted by Ralph White, Iowa Child Welfare Research Station. *Bull. Soc. psychol. Study soc. Issues*, 1938, *2*, (No. 2, Jan.), 19.
181. Wickman, E. K. *Children's Behavior and Teachers' Attitudes.* New York: The Commonwealth Fund, 1928.
182. Williams, F. E. *Adolescence. Studies in Mental Hygiene.* New York: Farrar and Rinehart, 1930.
183. Williams, F. E. *Russia, Youth and the Present-Day World.* New York: Farrar and Rinehart, 1934.
184. Willoughby, R. R. Sexuality in the Second Decade. *Monog. Soc. Res. Child Develpm.*, 1937, *2*, No. 3.
185. Wolff, H. A., Smith, C. E. and Murray, H. A. The Psychology of Humor. *J. abn. soc. Psychol.*, 1934, *28*, 341–365.
186. Zilboorg, G. Differential Diagnostic Types of Suicide. *Arch. Neurol. Psychiat., Chicago*, 1936, *35*, 270–291.

索　引

A

B

C

D

E

F

G

H

K

L

M

N

O

P

R

S

V

W

Z

图书在版编目（CIP）数据

挫折与攻击/（美）约翰·多拉德（John Dollard）等著；邢雷雷译. —北京：中国人民大学出版社，2018.9

书名原文：Frustration and Aggression

ISBN 978-7-300-23940-8

Ⅰ.①挫… Ⅱ.①约… ②邢… Ⅲ.①挫折（心理学）-研究 ②攻击行为-研究 Ⅳ.①B84 ②B842.2

中国版本图书馆 CIP 数据核字（2017）第 013455 号

西方心理学大师经典译丛

主编　郭本禹

挫折与攻击

［美］约翰·多拉德　伦纳德·W. 杜布　尼尔·E. 米勒　奥瓦尔·莫瑞尔　罗伯特·R. 西尔斯　著

邢雷雷　译

高申春　审校

Cuozhe yu Gongji

出版发行	中国人民大学出版社		
社　　址	北京中关村大街 31 号	**邮政编码**	100080
电　　话	010－62511242（总编室）		010－62511770（质管部）
	010－82501766（邮购部）		010－62514148（门市部）
	010－62515195（发行公司）		010－62515275（盗版举报）
网　　址	http://www.crup.com.cn		
	http://www.ttrnet.com(人大教研网)		
经　　销	新华书店		
印　　刷	运河（唐山）印务有限公司		
规　　格	155 mm×230 mm　16 开本	**版　　次**	2018 年 9 月第 1 版
印　　张	13 插页 3	**印　　次**	2025 年 3 月第 3 次印刷
字　　数	146 000	**定　　价**	45.00 元
